CB065893

EUTONIA ARTE E PENSAMENTO

Hugo César Perrone

Impresso no Brasil, agosto de 2005

Título original: *Eutonia, arte y pensamiento*

É Realizações Editora, Livraria e Distribuidora Ltda.
Caixa Postal: 45321 · 04010 970 · São Paulo SP
Telefax: 5572 5363
e@erealizacoes.com.br · www.erealizacoes.com.br

EDITOR
Edson Manoel de Oliveira Filho

PREPARAÇÃO DE ORIGINAIS E REVISÃO
Tereza M. Lourenço Pereira

CAPA E PROJETO GRÁFICO
Mauricio Nisi Gonçalves / Shadow Design

IMAGENS MIOLO E CAPA
Reproduções de obras de Wassily Kandinsky

PRÉ-IMPRESSÃO E IMPRESSÃO
SermografLCT

Hugo César Perrone

EUTONIA
ARTE E PENSAMENTO

tradução

Margarita Maria Garcia Lamelo

REALIZAÇÕES

PREFÁCIO

Betty Feffer

Tanto para eutonistas quanto para praticantes de outras modalidades de terapias, abordar os aspectos técnicos nem sempre é o mais atraente. Cada técnica específica é como uma ferramenta a mais na malinha preta do médico: cumpre uma função no atendimento, mas deve estar a serviço de algo maior. O sentido mais alto, contudo, nem sempre é evidente. Desse modo, são sempre bem-vindos os esforços para estabelecer o nexo entre as técnicas, os procedimentos práticos e o cenário mais abrangente da inteligência possível ao homem. É o caso deste livro.

Tal como ocorre em algumas sessões de eutonia, que necessita de certo lapso para encontrar algum conforto na posição de decúbito dorsal, há que se dar o tempo necessário para saborear e entender este livro. O autor pensa a eutonia filosófica, metafórica e poeticamente. A filosofia requer reflexão; a metáfora, trilhas neurais inusitadas; a arte é contemplativa, a poesia deleite... Como a obra *Eutonia, arte e pensamento*, essas áreas elaboradas, sua leitura requer tempo. Não traz respostas prontas. Num desdobramento do processo, como na eutonia, para além do trabalho no chão, o autor reflete sobre o que vai além da percepção do gesto cotidiano, ultrapassa a técnica.

Num comportamento qualquer, quando uma pessoa gera um fluir sensório-motor, talvez não se lembre do comportamento como um fluxo contínuo, como num vídeo, mas sim como uma seqüência segmentada. De igual modo, no escrito de Hugo César Perrone, o tempo objetivo é constituído de dentro do correr do tempo subjetivo. A temporalidade é experimentada fenomenologicamente. Em outras palavras, como disse William James, "a corrente da consciência é segmentada como um pássaro fazendo alternâncias entre voar e pousar".

O autor não se prende ao paradigma vigente, que privilegia os aspectos sensoriais e técnicos. Seu texto transita por pares de conceitos, das idéias ao físico, do uno ao múltiplo, do conteúdo à forma. Ele alude a uma forma nova de pensar a eutonia não mais como os conhecidos discursos acadêmicos convencionais, mas ao mesmo tempo se refere a um estudo universitário de dois campos: a arte e o pensamento. Max Muller, um arauto da fenomenologia aplicada, sugeriu que "conhecer uma é conhecer nenhuma". Ele faz uma eutonia além da eutonia.

Eutonia, arte e pensamento alia a práxis e as teorias, buscando em diversas disciplinas uma "história não contada", e com sua "arte de escrever"[1] Hugo César Perrone aborda o momento de globalização, de abrangência, de nossa compreensão comum acerca da eutonia de hoje. Não perde de vista os processos neurológicos, cerebrais, concomitantes, que acontecem na área cognitiva, a consciência do foco e do periférico.

Um sentido de *insight* ocorre quando a multiplicidade é percebida, de repente, como unidade. Conexões multivalentes podem ser desenvolvidas, o que, às vezes, propicia um estado de união mística. É neste sentido que a eutonia se aproxima da meditação. Plotino dizia que devemos ser seres anfíbios, partícipes de duas realidades ao mesmo tempo: a interna e a externa.

[1] Leo STRAUSS, *A perseguição e a arte de escrever* (*Persecution and the art of writing*, Glencoe, Ill.: Free Press, 1952). Papel da sinestesia. Não vivemos no nível de nossas moléculas, mas com nossos "selves" existenciais. O estilo de Perrone se sobressai às gerações anteriores de textos lineares, de verbalização organizada logisticamente.

Antes de sua morte, Albert Einstein colocou uma das questões críticas sobre a vida: "O Universo é bondoso?". Uma resposta afirmativa à pergunta implica que os eventos da vida têm sentido dentro de um contexto estrutural de uma ordem maior. Neste caso, então, o cuidado com a saúde é sagrado e é uma questão de experiência de crescimento pessoal. Mas se tudo acontece ao acaso, então doença e saúde são aleatórios; os males do corpo fazem parte, portanto, dos inconvenientes da vida, a serem tratados rápida e impessoalmente. Esta última é a postura com a qual temos vivido nos tempos de hoje. Nosso cuidado com a saúde reflete o caos de nossas percepções.

Questões como essas, entre outras, são tocadas na investigação de Hugo César Perrone, em sua busca do nexo entre as perspectivas filosófica, histórica e prática. Seu trabalho merece ser lido.

Sou um guardador de rebanhos
O rebanho é os meus pensamentos
E os meus pensamentos são todos sensações
Penso com os olhos e com os ouvidos
E com as mãos e os pés
E com o nariz e a boca

(Fernando Pessoa)

SUMÁRIO

3. DESLIZAMENTOS NOS RASTROS DA METÁFORA

4. METAMORFOSE NAS DOBRAS DO ESPAÇO-TEMPO:

REFLEXÕES SOBRE O CONCEITO DE ESPAÇO INTERNO CONSCIENTE E O MOVIMENTO NA EUTONIA

5. UMA INTERFACE ENTRE CORPO E MENTE: A IMAGINAÇÃO

6. ENTRE LINHAS E FIGURAS

INTRODUÇÃO

A idéia que deu origem a este texto não é a de definir a eutonia, nem suas bases metodológicas e seus fundamentos. Esta tarefa já foi feita por sua criadora, Gerda Alexander, de uma forma irretocável, através de uma formulação ao mesmo tempo rigorosa e flexível, liberando seu pensamento do dogma e permitindo outras possibilidades de compreensão, bem como a evolução de seus princípios. Tampouco são descritos exercícios, pois podemos encontrá-los em trabalhos de outros profissionais, que já enfrentaram esta tarefa utilizando seus próprios critérios e orientações.

A principal intenção que orienta esta obra é a de promover a abertura de um caminho de *reflexão* sobre nossa prática à luz de alguns estudos desenvolvidos no âmbito de outras disciplinas, tais como a filosofia, as ciências e a arte. Trata-se, portanto, de uma abordagem teórica que supõe que nenhuma prática vive isolada, ao contrário, que os conceitos que constituem seu eixo dialogam com os que surgiram no campo de outras disciplinas. Desta maneira, este livro deseja tratar os *conceitos* da eutonia por entender que eles também constituem a forma através da qual uma práxis se desenvolve. Eles são a trama invisível que une a experiência pedagógica a uma vivência pessoal, e esta é retroalimentada pela presença dos conceitos.

No âmbito do nosso corpo, articula-se uma via dupla que dá lugar, ao mesmo tempo, à própria experiência e à consciência que leva a refletir sobre ela. Portanto, estas incursões em alguns aspectos da experiência e minha correspondente reflexão convergiram para um espaço de interrogação que, quero crer, só pode enriquecer o exercício da nossa profissão, empreendimento complexo que requer o concurso dos meus colegas. Durante essas incursões, às vezes abordei alguns conceitos próprios da eutonia; outras vezes, procurei dar relevância a noções implícitas na prática, como o espaço e o tempo, revendo-as à luz de novas concepções.

O primeiro capítulo, "Etapas do processo de subjetivação em eutonia", fala sobre sua sucessão no processo pedagógico e sua relação com os estados evolutivos do desenvolvimento humano, vistas com base em minha experiência como eutonista. Nessa paisagem, destacam-se a voz, o olhar, as sensações, a mente, o fluxo do tempo e a memória. São tratados separadamente alguns instrumentos da nossa prática, como o eixo *atenção/intenção*, o *contato consciente* (no contexto do tratamento eutônico) e o *transporte consciente*.

A abordagem dos textos que compõem o segundo capítulo é uma tentativa de ampliar o horizonte da eutonia, abrindo-o para outras possibilidades não contempladas no seu enquadramento original. "Eutonia: cenário de um deslocamento molecular silencioso", tal como uma lente que percorre sensações mínimas, focaliza o microcorpuscular, habilitando uma instância microperceptiva que substitui temporariamente a noção de sujeito. Aqui, destaca-se a mudança ocorrida na categoria de tempo, concebido agora como aquilo que dá forma ao nosso sentido íntimo. Ao abordar o plano do microcorpuscular, nós nos deparamos, porém, com o deslocamento das forças afirmativas e reativas. Busco mostrar o caminho que nos permite transformar estas últimas em forças ativas.

"Deslizamentos nos rastros da metáfora", dedicado ao plano metafórico, tenta resgatar o espaço das imagens e das emoções (a alma) para situá-lo entre o corpo e o espírito. Nesse terceiro capítulo, considero o relato da neurociência sobre o cérebro e estabeleço uma distinção entre o que chamo de *fenomenologia da eutonia*, baseada na experiência interior consciente, e *fisiologia da eutonia*, apoiada em dados comprováveis empiricamente.

O quarto capítulo, "Metamorfose nas dobras do espaço e do tempo", fala sobre o *espaço interno consciente*, uma ferramenta muito importante entre os dispositivos terapêuticos da eutonia de um ponto de vista microcorpuscular, que incorpora a noção de espaço-tempo quadridimensional.

"Uma interface entre corpo e mente: a imaginação", quinto capítulo, aborda a imaginação com o fim de lhe devolver o lugar que ela merece entre os atributos da mente humana. Coloco em evidência sua importância e os preconceitos que provavelmente não permitiram sua incorporação na eutonia, na qual procurei dar-lhe um lugar.

A seguir, em "Entre linhas e figuras", estudo, baseado na idéia de Gerda Alexander sobre a repercussão dos pensamentos nas variações do tom e na circulação, o uso das formas geométricas na arte e sua conexão com o pensamento filosófico ocidental tradicional.

Cada um desses temas possui unidade própria e eles podem ser lidos de forma independente.

Várias vezes mergulhei nas páginas dos escritos deixados por Gerda Alexander, que pela elegância do seu estilo aberto e sugestivo sempre me estimulam a pensar. Além disso, procurei, dentro das minhas limitações, extrair parte dessa riqueza abundante e que ainda resta a explorar.

Neste sentido, poderíamos dizer que todo o livro nos aproxima, de alguma forma, de um outro escrito não expresso entre seus interstícios, que pede que o visitemos para visualizarmos outras intuições e pensamentos que desejam ser resgatados de seu silêncio. E esse silêncio nos toca de vários lugares do texto, às vezes seguindo seus próprios caprichos...

1

ETAPAS DO PROCESSO DE SUBJETIVAÇÃO EM EUTONIA

APRESENTAÇÃO

Corporalidade tem este duplo sentido: abrange o corpo como estrutura experiencial vivida e o corpo como o contexto ou âmbito dos mecanismos cognitivos.

(Varela, Thompson e Rosch, *De corpo presente*)

Tendo feito uma reflexão sobre o processo pedagógico, distingui na prática da eutonia várias fases ou momentos com base na consideração das etapas que eu havia percebido como coordenador. Com a intenção de facilitar a compreensão destas, uso um enquadramento cujo propósito é levar em conta os aspectos evolutivos que, a meu ver, acompanham o desenvolvimento da experiência. Esses aspectos foram integrados em uma descrição que os reúne de acordo com as afinidades que permitem relacionar alguns deles com a etapa que denomino de *pré-verbal*, para diferenciá-los daqueles que considero *pós-racionais*. Concebi essa descrição com base na observação das mudanças que vão surgindo ao longo do processo de aprendizagem, e quis evidenciá-las em primeira instância para deixá-las mais claras aos meus próprios olhos, tendo em vista o que essa elucidação poderia trazer para a minha prática de coordenador.

Dentro do breve esquema de desenvolvimento contemplado, quero assinalar especialmente a operação que enfoca as transformações que vão modelando a experiência nos momentos sucessivos da aquisição consciente de certas habilidades. Trata-se, sem dúvida, de um caminho que não está isento de complexidade, nem de momentos de dificuldade que se fazem presentes ao passarmos por todo o processo.

Para resumi-lo esquematicamente, considero que a passagem de um nível de experiência a outro manifesta-se através da emergência de novos elementos que possuem força suficiente para superar, por assim dizer, a fase em que nos encontrávamos. Sua função consiste precisamente em reorganizar aquelas primeiras experiências desde uma outra posição por meio da qual agora será possível agir sobre elas, ou seja, apreendê-las e utilizá-las.

A seqüência completa desse desenvolvimento no tempo se desenrola mediante o desencadeamento de várias modulações do tônus muscular, que contempla uma relação articulada com seus dois âmbitos privilegiados, o neurológico e o psicológico. A flexibilidade do tônus que se estuda dá lugar a variações deste, oscilando do pesado ao leve. Do encontro com essas modulações tonais vão desfilando, como uma partitura musical, as várias etapas que acompanham cada momento do processo.

Nessa descrição, chamarei de *fases* as etapas do processo pedagógico em eutonia, e de *estados* os momentos evolutivos do desenvolvimento humano. Dessa forma, percebi a primeira fase como se fosse dominada pela *ressonância auditiva*, podendo fazer despertar motivos inscritos na fase pré-verbal. Denomino-a de *envoltura sonora*, e nela atribuo ao ouvido e à palavra um papel de destaque. A *tatilidade*, a *espessura do olhar* e a importância da *imagem especular* no esboço do eu, tratados a seguir, constituem, durante a mesma fase, o início de um possível reencontro com alguns elementos que, em sua oportunidade, marcarão intensamente esta etapa. Privilegiamos entre eles o elemento relacional, que será de importância vital em nossa atividade.

Chamo a segunda fase de *camadas da memória*, e a considero articulada ao momento da aquisição da motricidade e da linguagem com seu correlato tempo-espacial. Aquele que emerge nesse novo estado é precisamente o *eu verbal*, que vem substituir a formação anterior.

Completa essa descrição aquela que considero como a última fase abordável, a meu ver, pela prática da eutonia. O advir desse nível é necessariamente precedido pelos anteriores e, de alguma forma, já pode estar latente, sobretudo no último dos mencionados. Seu surgimento será sugerido pela emergência de uma instância que gravitará de maneira decisiva na percepção consciente, que chamo de *testemunha* ou, se preferirmos, de *observador*.

É o uso freqüente da *atenção* – cobrindo um espectro que vai das práticas que requerem um repouso do corpo e uma atividade privilegiada da mente, como o inventário das várias partes corporais, até outros exercícios que a supõem como condição do trabalho consciente, uma constante na eutonia – que vai fertilizando o terreno para a emergência dessa instância. Em meu esquema, ela é solidária com o momento em que parte de seu mundo conhecido pode entrar em crise para a pessoa, e esse mundo contém como referente privilegiado o racional.

Eventualmente, estaríamos chegando aqui ao limite ou à fronteira que nos separa mas que pode também nos aproximar das práticas meditativas. Enfim, a hipótese implícita é de que a eutonia seria, também, um caminho facilitador para nos iniciar na meditação.

Tratei separadamente outras noções-ferramenta, e ainda que integrem o instrumental com que abordamos todas as fases anteriores da nossa prática achei conveniente reservar para elas um espaço à parte. Trata-se da *intenção*, do *contato consciente* e do *transporte consciente*.

Em primeiro lugar, falarei da *intenção*, que concebi segundo uma gama de aplicações um pouco mais ambiciosa do que aquela adotada nas práticas específicas mais conhecidas. Eu a trato juntamente com a atenção e destaco seus dois aspectos, o volitivo (cinestésico) e o cognitivo, por sua importância como possível formadora de uma matriz tônica. Como veremos ao falarmos sobre contato consciente, também lhe concedo um papel especial em relação ao tema que se refere ao campo quântico.

Sobre o *contato consciente*, tentei escrever um esboço de interpretação à luz de alguns elementos da Física moderna, especialmente da microfísica. Por fim, eu me referi ao *transporte consciente*, que considero, tal como surge na minha experiência, um tipo de síntese e uma espécie de prova de todos os recursos de nossa prática. Dentro dos propósitos inscritos neste trabalho, destacarei a relação que estabeleci entre sua função na postura ereta e o campo gravitacional.

Creio que a sensação de leveza, que se pode obter através deste campo, permite uma amplificação da consciência, que se manifesta nas correlações rítmicas que colocariam a mente e a realidade em uma interconexão harmoniosa. Trata-se de uma intenção de mapear, ainda que de forma incompleta, o que chamei de *processo de subjetivação através da eutonia*. Entretanto, cabe esclarecer, o mapa não é o território.

EUTONIA, UM CRUZAMENTO DE LINGUAGEM

Como expliquei antes,
três coisas compõem o sentido do corpo:
a visão, os órgãos do equilíbrio
(o sistema vestibular) e a propriocepção.

(Oliver Sacks)

Nos estudos realizados no campo da comunicação humana, distinguiram-se duas formas através das quais nos referimos aos objetos.

Em uma delas, a referência é feita graças a uma semelhança, enquanto a outra se efetua através de uma palavra, um nome.

No primeiro caso, na *comunicação analógica*, diz P. Watzlawick, "há algo particularmente 'semelhante à coisa' naquilo que utilizamos para expressá-la" (Watzlawick et al., s.d., p.63). Na *comunicação digital*, por sua vez, "a relação entre o nome e a coisa nomeada está arbitrariamente estabelecida" (ibidem).

Na comunicação analógica, que pertence a períodos mais arcaicos da evolução humana, encontramos tudo aquilo que concebemos como comunicação não-verbal, ou seja, movimentos corporais, atitudes, gestos, expressão facial e inflexão da voz. A expressão verbal em que são enunciadas as instruções que orientam a atividade da nossa prática é uma forma quase puramente digital.

Apesar do uso que fazemos da linguagem na instrução em eutonia, nossa abordagem não consiste, no entanto, numa utilização pura ou exclusiva da comunicação digital. Como tratarei de explicar a seguir, existe, melhor dizendo, o que poderíamos chamar de um *cruzamento* entre ambas as formas de comunicação. É que a instrução enunciada produz uma ressonância sensitiva no próprio corpo do eutonista, visto que este já foi atravessado pelas experiências que se produziram durante sua formação como profissional e sem dúvida deixaram nele marcas profundas. Por sua vez, o grupo de alunos interpretará as instruções, transformando-as no modo não-verbal de comunicação, através de movimentos, gestos, posturas, que cada participante realiza dentro de suas próprias coordenadas de espaço e tempo.

É precisamente esse *cruzamento* entre ambas as linguagens que vai tornar possível ou antecipar o aparecimento do que chamo "espaço de criatividade potencial", ou, para dizê-lo como Winnicott, um espaço intermediário.

ESQUEMA DE DESENVOLVIMENTO

Em relação ao que já foi exposto, seria possível observar dois momentos diferenciados no desenvolvimento do processo pedagógico, que poderíamos denominar de *etapa primária* e *etapa secundária*. Essas duas etapas corresponderiam, por analogia, aos processos que a interpretação freudiana dos sonhos denominou primário e secundário. O primeiro está relacionado com a atividade inconsciente e o segundo, com a atividade consciente.

Pelos efeitos de sua utilização nesse contexto, caracterizarei a primeira como o momento do processo de sensibilização do aluno, em que se produz, metaforicamente falando, uma identificação do mapa com o território, do qual irá se separar aos poucos para passar à segunda etapa, que se apresenta como a possibilidade de discriminar o mapa do território.[1]

Etapa Primária

Chamo de *primária* a etapa durante a qual as instruções dadas pelo eutonista são interpretadas de forma neuromuscular pelos alunos, transformando-se em palavras-corpo que se abrem para o espaço sensitivo-motor de cada integrante do grupo, liberando assim suas ressonâncias pessoais, que podem estar relacionadas com aquelas primeiras etapas de sua vida.

[1] Esta distinção, que pertence a A. Korzybski, é usada por Gregory Bateson nos seguintes termos: "a linguagem mantém com os objetos por ela denotados uma relação comparável à que existe entre um mapa e um território" (1976, p.208).

Naquela instância, todas as experiências que o corpo recolheu nas primeiras fases do desenvolvimento e que fizeram surgir seus primeiros conhecimentos, ou saber de seu potencial, derivam desse tipo de primazia que tiveram, em suas primeiras tentativas, as representações correspondentes ao corpo como tal, e só mais tarde as que o conectavam com o mundo externo.

Segundo António Damásio, tudo o que os nossos sentidos recolheram esteve aparentemente relacionado com a atividade do nosso corpo: "No início não houve nem visão nem audição, tampouco houve locomoção autônoma. Houve, sim, um *sentimento do corpo*, quando o corpo tocava, via, ouvia ou se movia" (1996).

O mesmo autor também destaca o que considera uma assimetria resultante das partes do cérebro que estão livres para realizar a cartografia dos objetos que o organismo requer do entorno e as outras referentes ao próprio organismo, que, conseqüentemente, não têm essa liberdade. Ao contrário, elas "só podem realizar a cartografia do corpo, e fazem isso mediante mapas" amplamente pré-ajustados: são os auditórios cativos do corpo e estão à mercê da mesmidade dinâmica do corpo" (Damásio, 2000, p.38).

Cabe ressaltar que o corpo, em seu desenvolvimento ulterior, continuará sendo o objeto constantemente privilegiado de algumas partes do cérebro.

Nesta etapa, podem surgir, portanto, ressonâncias do período em que essas partes do cérebro tiveram o corpo como o eixo principal de todo acontecimento, e esse é o material que está na base e pode sintonizar com a instrução. Assim, aquilo que de início é na voz do coordenador um sinal denotador, vai ser transformado ou recriado pelo aluno como um conotador, porque ele é capaz de capturar singularmente o eco das primeiras vivências.

Vale lembrar que a comunicação analógica tem sua origem em períodos mais arcaicos da evolução, tendo uma validez mais geral em relação à comunicação digital, que é mais recente e abstrata.

Nós nos encontraríamos nesse momento do processo diante do que denominarei uma "con-fusão" do mapa com o território como traço saliente da expressão dos alunos.

A VOZ E A ENVOLTURA SONORA

O conhecimento do mundo
é um conhecimento sonoro desse mundo.
(Alfred Tomatis, *O ouvido e a linguagem*)

Nesta seção, vou me referir à importância que alguns autores atribuíram ao espaço sonoro que rodeia a criança. Em seguida, mencionarei também a função da visão, que para outros estudiosos é fundamental no esboço da constituição do eu.

Afirma-se que uma das primeiras formas de contato da criança com sua mãe se realizou através do chamado banho sonoro. Parece que à medida que as fronteiras e os limites do eu se estabeleceram, apoiando-se nas sensações táteis, foi-se constituindo o *si mesmo* mediante incorporação do mundo de sons que rodeia a criança. Este último dará lugar à formação de uma espécie de cavidade psíquica pré-individual, antecipando-se à importância que depois foi atribuída à visão.

Referindo-se à ênfase atribuída pelos estudos de Lacan e Winnicott aos sinais visuais, Didier Anzieu, ao contrário, vai nos remeter à presença, "mais precoce ainda, de um espelho sonoro ou de uma pele audiofônica, e à sua função na aquisição, pelo aparelho psíquico, da capacidade de significar, logo, de simbolizar" (1987, p.171).

As carícias sonoras que a criança recebe do seu entorno e os sons que ela própria emite vão configurar uma primeira imagem do corpo, bem como uma relação estreita com sua mãe. Segundo o autor citado, antes da formação do superego como instância reguladora do pensamento e que tem como base a primeira articulação da linguagem, vai-se constituir o eu, com suporte na pele, quando o bebê adquire a segunda articulação.[2] Ele afirma:

> Com maior anterioridade, o si mesmo se forma como uma envoltura sonora na experiência do banho de sons concomitante ao da lactância. Esse banho de sons prefigura o eu-pele e sua dupla face voltada para dentro e para fora (...). (Didier Anzieu, 1987, p.181)

A voz e a eutonia

Podemos considerar a voz do coordenador como uma forma de prolongação do seu corpo. Ela está ali onde seu corpo não pode estar fisicamente, usando uma forma muito especial de contato.

---

[2] Esta abordagem da relação entre o sonoro e a constituição do aparelho psíquico se baseia na distinção entre a primeira e a segunda articulação da linguagem, efetuada por André Martinet em *Elementos de lingüística geral* (1978). A primeira articulação consiste na assimilação das regras que permitem transmitir uma experiência ou manifestar um desejo numa sucessão de unidades dotadas de uma forma vocal e de um sentido. A segunda, por sua vez, é uma sucessão de unidades analisáveis na forma vocal, estejam elas dotadas de sentido ou não.

Como o uso e a entonação da voz desempenham um papel importante no ensino da eutonia, vale esclarecer alguns pressupostos que enquadram seu emprego.

Fala-se de neutralidade no uso da voz com a intenção de propor que a emissão das instruções seja clara, simples, evitando-se especialmente o uso da sugestão.

Esclarecido este último aspecto, e à luz dos elementos já referidos, seria conveniente rever o espaço de inscrição desse recurso e examinar a neutralidade, levando-os em conta.

Com isso, deduz-se que é provável que a voz não estará inteiramente livre de transmitir, de alguma forma, traços da personalidade do eutonista, situada em geral no centro de um fluxo de comunicação de caráter pré-verbal.

Dessa maneira, mesmo quando o eutonista toma todas as precauções que levariam à neutralidade, não é desconsiderável que, para alguns alunos, a voz poderia ter uma repercussão semelhante àquela que a envoltura sonora teve para eles naquele primeiro momento. Além disso, devemos considerar que o inventário mais simples em eutonia, enunciando as várias partes do corpo, usa em geral aquelas palavras que estão entre as primeiras que uma criança aprende.

A instrução, ponte didática. Conjunção do ouvido e da voz

Detenhamo-nos no momento da instrução e de sua recepção, no lugar de quem emite e de quem recebe, para esclarecer que, na emissão, passamos da palavra interna para a externa, que se transforma em som através da voz.

O coordenador irrompe no silêncio que acompanhava a intenção da palavra, antes de sua verbalização, através da instrução, que os alunos interpretam pelo movimento ou pela atenção dirigida a alguma região do território corporal. Esses dois fatos concorrem nesse espaço onde o emissor da instrução funciona com a certeza da resposta do outro, em uma "conversação" na qual, durante frações de tempo – como no inventário –, não há registro de nenhum sinal visível dela ("levar a atenção para o sacro", por exemplo). Mesmo assim, o emissor dará como compreendida a elaboração da instrução na seqüência da aula para poder continuar sua progressão.

Do lado de quem a recebe e elabora, a instrução instala um devir. Um território que se encontrava dobrado começa a se desdobrar. A pele, que já foi a antecipação do sentido da visão, torna-se um bloco de sensações que cada participante, estendido no chão, recolhe pacientemente, nutrindo seu campo de consciência com novas vivências.

Um corpo objetivo parece permanecer no mundo real; um corpo fenomênico torna-se outras formas possíveis de consciência, como se passássemos de uma narrativa organizada em torno de uma matriz cristalizada a um processo de subjetivação que leva à flexibilização da noção de identidade da pessoa.

Protegido em um ambiente facilitador, cada um vai fazendo surgir os acontecimentos de sensações que têm a ver com essa nova existência que deles germina.

Acerca das sensações/vibrações

Como o registro de sensações se encontra na base de toda a experiência de trabalho do eutonista consigo mesmo, falarei brevemente sobre o que entendo por "sensação", apoiando-me nas teorias de Henri Bergson sobre a percepção e na interpretação que Gilles Deleuze e Félix Guattari fizeram dessas teorias.

Para Bergson, uma percepção implica sempre uma espessura de duração que prolonga, no presente, os acontecimentos já ocorridos. Portanto, a memória participa de toda a percepção e é ela que a envolve em camadas de lembranças. Também age contraindo uma multiplicidade de momentos. Desse modo, a apreensão subjetiva das qualidades sensíveis depende da função da memória, cuja ação consiste em contrair o real.

Em *Matéria e memória*, Bergson expressa esse conceito da seguinte maneira:

> Em suma, a memória sob estas duas formas, ao recobrir com uma camada de lembranças um fundo de percepção imediata, e também ao contrair uma multiplicidade de momentos, constitui a principal contribuição da consciência individual na percepção, o lado subjetivo de nosso conhecimento das coisas. (1999, p.31)

O presente, tal como o autor o entende, encontra-se intimamente ligado à posição do corpo no espaço, ou seja, com a sensação e com o movimento. O presente é concebido como um sistema que põe em jogo as relações entre as sensações e os movimentos. O corpo, conseqüentemente, como centro de ação, converte-se no lugar privilegiado do devir, porque age como receptáculo das impressões que ganharão forma através do movimento.

> Meu presente, portanto, é ao mesmo tempo sensação e movimento; e já que meu presente forma um todo indiviso, esse movimento deve estar ligado a essa sensação, deve observá-la em ação. Concluo daí que meu presente consiste num sistema combinado de sensações e movimentos.
>
> Isso equivale a dizer que meu presente consiste na consciência que tenho de meu corpo. Estendido no espaço, meu corpo experimenta sensações e ao mesmo tempo executa movimentos. (Ibidem, p.161-2)

A palavra e a sensação-vibração

A palavra possui às vezes o poder de abrir a experiência para uma região de indistinção. Ela pode ser considerada como um suporte de vibrações, que por sua vez se tornam toque no corpo do receptor da instrução, enquanto a pele vai se tornando um território de sensações, que por sua vez comportam vibrações.

A sensação que não dá lugar à excitação, ou que não se prolonga em uma reação, conserva suas próprias vibrações; ela contrai suas vibrações. É a vibração contraída. Deleuze e Guattari afirmam: "A sensação contrai as vibrações do excitante em uma superfície nervosa ou em um volume cerebral: a anterior não desapareceu ainda quando aparece a seguinte. É sua forma de responder ao caos" (1993, p.213).

Embora aqui surja um potencial que, como já dissemos, tende a pôr em desequilíbrio as formas, contamos, entretanto, com um sentimento de fundo que colabora na manutenção da imagem de unidade do nosso território corporal. Segundo observa Damásio, "A sensação corporal de fundo é contínua, já que não representa uma porção específica do corpo, mas, ao contrário, representa o estado geral de quase tudo o que há nele" (2000, p.177)

A paisagem corporal é sempre nova, e o sentimento do corpo emerge uma vez que o sentido do ouvido neutraliza a perspectiva visual.

A vida fetal e o ouvido

Não é surpreendente que o ouvido recapitule o corpo inteiro. Cravado no penhasco do osso temporal do crânio, no ouvido médio, temos o labirinto, onde se organiza o nosso equilíbrio orgânico-psíquico. Aqui também, paralelamente à verticalização, se desenvolve a função fonadora da palavra.

As vibrações afetivas já são recebidas pela criança durante seu período de vida fetal. Segundo o reconhecido pesquisador especialista em problemas de audição e linguagem, Alfred Tomatis,

> (...) o feto entra em relação com sua mãe de modo acústico-sonoro desde as primeiras semanas de sua vida pré-natal. O aparelho articular acaba de se formar na idade de quatro meses e meio de sua vida uterina. Só o ouvido externo se completa depois do nascimento. (1991, p.165)[3]

O ouvido humano é estimulado, então, desde a percepção intralíquida no seio materno, por várias intensidades vibratórias, que vão desde o sussurro ao grito, atravessados pelo silêncio.

---

[3] No original: "*(...) l'embryo-foetus entrait en relation avec sa mère sur le mode acoustico-sonore dès les premières semaines de sa vie prénatale. L'appareil articulaire connaît un parfait achèvement à l'âge de quatre mois et demi de son cursus utérin. Seule l'oreille externe se termine après la naissance.*"

A nossa voz é, portanto, modelada pelos sons, ou melhor, pela multiplicidade de configurações vibratórias que o ouvido capta ou filtra. Aqui ainda se ocultam o minotauro, Teseu, Ariadne e o fio de Ariadne. Cada um é a cifra de seu próprio labirinto.

Talvez só Nietzsche, na filosofia, pôde integrar tantas sonoridades, lamentações e gargalhadas capazes de fazer ressoar esse labirinto com tanta intensidade, chamando o despertar de um homem novo.

A pele é uma vez mais a membrana que recolhe o toque dessas vozes encadeadas no som de uma instrução.

A VISÃO

Toda visão ocorre em alguma parte do Espaço Tátil.

(Merleau Ponty, O *visível e o invisível*)

Podemos dizer que a experiência do tato envolve também o olhar em um devir tátil e que, para o olho que toca, a distância constitui seu meio privilegiado. Esta pode ser concebida como uma espécie de melodia de afastamento/aproximação.

A distância vai ganhar, assim, a forma espaço-temporal que caracteriza os seres dotados de movimento. Nós nos encontraríamos, portanto, em uma espécie de espessura ótica: "Trata-se, uma vez mais, da distância, *a distância como choque*. A distância como capacidade de nos alcançar, de nos tocar, a distância ótica capaz de produzir sua própria conversão háptica ou tátil" (Didi-Huberman, 1997, p.103-4).

Dessa forma, nossa experiência sensorial parece estar compreendida em uma espessura espaço-temporal que, ao ritmo do afastamento/

aproximação, vai arrancando outras regiões que conferem profundidade ao espaço.

O *olhar*: nós o usamos permanentemente para organizar nosso espaço de movimento, exigimos o olhar do outro durante o processo pedagógico, nós o comprometemos no momento de observar o aluno, fazemos contato através do olhar. Levamos em conta que aquilo que não vemos está nos olhando?

O espelho como matriz e o esboço do eu

Segundo Lacan, a percepção do corpo como unidade não fragmentada está ligada à imagem especular. A criança, entre os seis e os dezoito primeiros meses, encontra-se em um estado de descoordenação motora. Através do espelho, ela antecipa a apreensão de sua unidade corporal:

> Esta unificação imaginária se efetua por identificação com a imagem do semelhante como forma total; ilustra-se e atualiza-se pela experiência concreta em que a criança percebe sua própria imagem em um espelho. (Laplanche, 1974, p.151)

A importância acerca do aspecto relacional simbólico na dimensão especular foi especialmente enfatizada por Françoise Dolto. Outros autores ressaltaram a importância do olhar dos outros na percepção que podemos ter de nós mesmos. Conseqüentemente, é possível também que vestígios da fase correspondente à constituição do eu possam ser recriados durante essa etapa da prática eutônica.

O olhar na encruzilhada

Um olhar que "capta" uma imagem exterior sem tensões, e deixa-o penetrar no interior, evita muito cansaço e crispações inúteis na cabeça e no pescoço.

(Gerda Alexander)

A tatilidade a distância vem perturbar seriamente não somente a distinção entre "atual" e "virtual" (...) mas a própria realidade do que está próximo e longe, voltando a questionar nossa presença aqui e agora, dissociando com esse fato as condições de necessidade da experiência sensível.

(Paul Virilio)

O olhar, que já visitou o estado do espelho e adquiriu seu aspecto relacional simbólico, nos entrega, agora, a tarefa do reencontro conosco na extensão da complexidade crescente de nossa época.

Hoje, nosso olhar está mais cansado, provavelmente, que no momento em que Gerda Alexander escreveu as palavras citadas acima. Portanto, é ainda mais necessário levar em conta a importância que ele tem na nossa prática atual.

A mídia bombardeia nossa visão com imagens de cinema, televisão, vídeo e, mais recentemente, por meio de uma realidade virtual e de uma tatilidade a distância através do ciberespaço. Esta ação permanente sobre o olhar chega a influenciar o modo como observamos os dados da realidade, mediatizando-os e incidindo na nossa subjetividade.

As conseqüências dessa ação prolongada sobre o nosso órgão de visão criam uma espécie de doença que lesiona a nossa construção do real?

Para terminar este parêntese, deixo a palavra a Paul Virilio, que nos adverte compartilhando seu temor:

> (...) temo que estejamos diante de uma espécie de patologia da percepção imediata que deve tudo, ou quase tudo, ao recente desenvolvimento das máquinas de ver, fotocinematográficas e videoinfográficas. Máquinas que, de tanto mediatizar as representações habituais, acabam arruinando sua credibilidade. (1997, p.120)

Etapa Secundária

LABIRINTO/ CAMADAS DA MEMÓRIA

> *(...) o grau de lentidão é diretamente proporcional à intensidade da memória; o grau de velocidade é diretamente proporcional à intensidade do esquecimento.*
>
> (Milan Kundera)

A lentidão

Considero esta fase articulada ao momento da aquisição da motricidade e da linguagem, com seu correlato espaço-temporal.

O emergente neste novo estado é precisamente o eu verbal, que vem substituir a formação anterior. Conseqüentemente, através da linguagem e de suas formas simbólicas e socioculturais, a criança começa a centrar a atenção no seu próprio corpo. Insinua-se, então, uma desidentificação do próprio corpo, que paralelamente vai lhe proporcionando os meios para observá-lo.

A experiência anterior abre o caminho às condições que possibilitam esta fase. Tudo aquilo que foi vivenciado na etapa anterior gerará na pessoa mais autoconfiança, ao mesmo tempo em que lhe proporcionará mais segurança em seu intercâmbio com o meio.

A sonoridade que se instala no ouvido, essa "concha sussurrante do tempo", como T. S. Eliot expressou de forma tão bela, dá lugar a um labirinto de coordenadas mais temporais que espaciais.

As memórias, os sonhos, os sonhos dos sonhos encontram-se tecidos e cobertos no manto dessa sonoridade, que abre o indivíduo para uma nova experiência na qual ele vai encontrando uma outra dimensão de sua consciência. Mapa e território já não se confundem. Progressivamente, estabelece-se uma ponte entre eles. Um corpo mais sutil vai se criando e se torna o nexo entre os acontecimentos que fogem no tempo em direção ao passado e ao futuro.

No que diz respeito ao passado, devo deixar claro que não estou me referindo a um passado congelado, mas a um tempo germinal que anuncia o curso do acontecimento, o qual nos abre para o surgimento do novo.

Agora tudo é mudança, plenitude de afazeres intangíveis e incessantes que nos lançam incansavelmente em direção ao surgimento do novo, em um tempo que não pertence ao tempo cronológico, que não tem começo nem fim, que renuncia à circularidade e faz surgir novos estados de consciência.

Não se trata do estado de coisas, mas do incessante que convive com o momento fugaz: "o acontecimento, que sua própria realidade não pode realizar, o interminável, que não cessa nem começa (...), o acontecimento no qual afundamos ou voltamos a emergir" (1993, p.158).

O TEMPO I

A sensação, a mente e a diferença

O tempo que desejo explicitar neste caso não é um tempo que pertence à própria sensação. É o tempo que necessitamos, porém, para passar da observação de uma sensação para outra.

Gregory Bateson, tentando encontrar uma solução que respondesse provisoriamente aos problemas epistemológicos colocados pela divisão entre mente e matéria, afirmava que o que vai do território ao mapa são notícias sobre diferenças.

O que há entre duas sensações senão tempo? Como se obtém uma diferença?

O tempo não está em uma ou noutra sensação, não reside na própria sensação, mas sim no período que necessitamos para passar da observação de uma delas para a outra.

> (...) a mente chega a ser uma rede muito complexa de caminhos, alguns dos quais são neurais, outros hormonais e de outros tipos, caminhos ao longo dos quais a diferença pode propagar-se e transformar-se. (Bateson, 1993, p.223)

Os caminhos que bifurcam

Vamos nos deter brevemente neste "entre sensações" que não é espacial, mas temporal. Em algum momento do processo existe a possibilidade de que o caminho bifurque: podemos insistir em recolher as sensações corporais, como normalmente fazemos, e nos aprofundar cada vez mais nessa busca (busca familiar que nos remete do presente ao passado, ou à recordação de sensações anteriores), ou ainda nos afastar provisoriamente da sedução que elas exercem sobre nós e abrir nossa consciência para a memória, ou seja, para as diferentes camadas da nossa psique, a fim de nos tornarmos permeáveis, para além do corpo fenomênico, a tudo que aparece em um campo atravessado, agora, por várias vibrações.

Neste caso, é como se colocássemos entre parênteses as sensações, que vão agir de certo modo como suporte de outras paisagens da alma humana. Devemos deixar claro que estas não aparecem na forma de imagens. Gerda Alexander, referindo-se ao reaparecimento de lembranças da primeira infância durante o processo de trabalho com a eutonia, expressou-o de maneira exemplar:

> Isto não se produz na forma de imagens; vive-se, porém, dinamicamente e, com a totalidade sensorial primitiva, acompanhado de uma percepção da estreita vinculação da situação vivida então com a situação presente. (1986, p.57)

Nesse caso, porém, ao contrário de Gerda Alexander, não estou me referindo à memória como a busca do passado ou das recordações. Atribuo, ademais, tanta importância ao contexto corporal que nutre o momento quanto àquilo que nossa psique pode dele extrair.

O TEMPO II

Pausa, silêncio, lentidão nos instalam gradativamente na memória. Como aprendizes de Penélope, desfazemos e tecemos incansavelmente com os fios da memória outra sensibilidade em outro corpo que ainda deve ser criado.

Somos levados a uma experiência singular, não espacial, não histórica, devolvidos a uma vivência rítmica, pauta e matriz organizadora de nossa subjetividade. Talvez como o ponto imóvel na poesia de T. S. Eliot:

> No ponto imóvel do mundo em rotação. Nem carnal nem descarnado; nem desde nem para; ali, no ponto imóvel, está a dança, nem movimento nem parada. E que não se diga que é fixo o lugar que liga o passado e o futuro. Nem procedência nem direção, nem elevação nem descida. Sem o ponto, o ponto imóvel, não haveria dança, e a dança é a única coisa que existe. (1990, p.87)

É a ocasião em que vamos ser visitados pelo tempo que nos constitui em nossa interioridade. Não é precisamente que o tempo seja interior; trata-se de nos deslocarmos e de nos metamorfosearmos no seu fluxo. A memória é um tipo de interface que estabelece uma relação entre

> (...) as capas de passado e as camadas de realidade, umas emanando de um interior sempre existente, outras surgindo de um exterior sempre vindouro, ambas socavando um presente que não é senão seu encontro. (Deleuze, 1986, p.274)

A importância desse estado é que nele temos a oportunidade de refazer o tecido da nossa sensibilidade. Vamos nos desprendendo, pouco a pouco, de sua homogeneização redutora, induzida pela via midiática que nos conduziu ao esquecimento do acontecimento, peça central da nossa subjetividade.

A memória nos impulsiona a vislumbrar outros territórios ainda com potencial de devir: "A memória não está em nós; somos nós que nos movimentamos em uma memória-Ser, em uma memória mundo" (ibidem, p.136).

Tudo aqui é um presente que atravessa transformações sucessivas e penetra ou relaciona diferentes capas, que cruza diferentes camadas e tece entre elas configurações não localizáveis, que vão transformando nossos registros habituais, dando lugar a um novo tecido corporal.

Afastamo-nos provisoriamente da busca de sensações que, situada no presente, nos remetia, porém, ao passado. Às vezes, era o mesmo corpo que encontrávamos, embora a ressonância ou as correlações obtidas nesse instante nos parecessem mais sutis. Entretanto, só podíamos obtê-las voltando ao passado da sensação para compará-la com a atual em um ciclo de remissão permanente.

Longe do equilíbrio

Ao começar a transitar pelo atalho da memória, abordamos um caminho de complexidade crescente e de certa maneira nos preparamos para experimentar dentro de um sistema que está longe do equilíbrio.

Como seres vivos, o nosso sistema nervoso possui uma organização que não é precisamente de equilíbrio; trata-se, porém, de permanentes readaptações em seu meio interno para restabelecê-lo. Não é um sistema fechado, como acreditava o pensamento ocidental desde Descartes. Os seres vivos constituem sistemas que vão organizando sua clausura, ou seja, sua autonomia.

Essa forma de organização foi chamada de *clausura operacional* por H. Maturana. E Francisco Varela destaca que:

> (...) o sistema nervoso está constituído de tal forma que quaisquer que sejam suas mudanças estas criam outras mudanças dentro dele mesmo; e seu funcionamento consiste em manter certas relações entre seus componentes invariáveis diante das perturbações contínuas que nele são geradas tanto pela dinâmica interna como pelas interações do organismo que ele integra. (1990, p.111)

A isto devemos acrescentar a importância que o meio ambiente tem para se poder compreender o sistema. Afirma Edgar Morin:

> (...) a inteligibilidade do sistema deve se encontrar não somente no próprio sistema, mas também em sua relação com o ambiente, e essa relação não é uma simples dependência, mas sim constitutiva do sistema. (1994a, p.44)

Espirais que conectam qualidades de cavidades sonoras entrelaçadas com outras procedentes de emoções e pensamentos dançam alternadamente seu ciclo de devir.

Desidentificação Mapa/Território

Para poder ser quem ainda não és,
deves seguir o caminho em que não estás.
E só sabes o que ignoras,
o que não tens é o que tens
e estás onde não estás.

(T. S. Eliot, *East Coker*)

O caminho percorrido vai dar lugar, agora, à fase de desidentificação mapa/território. Ao mesmo tempo, a psique recria um aspecto de si mesma que podemos chamar de *testemunha*[4] ou observador, se assim preferirmos. A prática da eutonia, independentemente do contexto corporal em que é vivenciada, por meio do trabalho insistente e incessante de atenção dirigida, começa a se tornar uma atividade através da qual a *testemunha* se distancia, informando-nos sobre a experiência que estamos vivendo.

Apresenta-se, assim, um dos momentos mais singulares e complexos do processo de aprendizagem. A prática se transforma no instrumento através do qual podemos começar a explorar e conhecer a natureza da mente. Leva-nos a abandonar o momento de estabilidade adquirida. Abre-se à possibilidade de devir.

Considero básicas a necessidade e a utilização elaborada de todos os processos e transformações antes descritos. Refiro-me a um nível possível que iria mais além da pele (para observá-la metaforicamente), mas que também a contém como condição *sine qua non*. Esta fase só pode ser abordada se a pessoa estiver disposta a assumir o risco que supõe perder aquela "estabilidade" adquirida através de hábitos, formas de sentir e perceber, amplamente adotados no meio familiar e social, que o levaram a formar um saber sobre si mesmo.

NEM UM EU, NEM UM MUNDO PREEXISTENTE

A noção de um eu unitário começa a se fragmentar. Coloca-se em questão também a idéia de um mundo preexistente à experiência. Entretanto,

[4] "A testemunha observa simplesmente o desenrolar dos fatos, tanto internos quanto externos à mente-corpo, de uma maneira criativamente desapegada, visto que de fato não se identifica exclusivamente com nenhum dos dois" (Wilber, 1980, p.120).

esta é enriquecida através da observação daqueles hábitos e de sua reiteração no tempo. Emerge assim a possibilidade de desarticular o encadeamento causal que veio condicionado à mente durante tanto tempo. Esta vai ser a condição para que ocorram outras narrativas. Esta potencialidade é a que aproxima a eutonia das práticas espirituais e da meditação.

Felix Morrow, ao se referir ao desenvolvimento do que ele chama de *observing self*, chega a considerar a eutonia como uma escola de meditação: "A eutonia é uma das grandes escolas de meditação. Porque a meditação é uma percepção de tudo o que acontece em nós e dentro de nós, e é isso precisamente que a eutonia faz e ensina" (1985, p.34).[5]

O corpo é o território onde se desenvolve a atividade consciente. É o lugar sagrado e o enigma continuamente renovado de um potencial que apenas começamos a explorar e que desconhecemos até onde pode nos levar. Parafraseando Espinosa, ainda não sabemos do que um corpo é capaz.

PASSOS PARA UMA EXPLORAÇÃO DA MENTE

Intenção/Atenção

Quando alguém pensa ou decide fazer algo, o tônus e a circulação mudam e se adaptam à ação prevista. Isto é conhecido como inervação antecipada.

(Gerda Alexander)

A intenção foi um tópico de interesse para o pensamento escolástico, e posteriormente o abade Brentano a retomou em seus estudos.

[5] No original: *"Eutony is one of the great schools of meditation. For meditation is the sustained awareness of all that goes on in us and within us, and this is just what Eutony does and teaches."*

Para ele, os atos psíquicos se diferenciam dos fenômenos físicos; os primeiros possuem uma intencionalidade, ou seja, referem-se ou dirigem-se a um objeto. Dessa forma, a direção ou intencionalidade constitui o traço primordial da mente.

Husserl, seguindo Brentano, estudou mais as "intenções" do que a natureza dos objetos intencionais. Determinou com precisão a terminologia, afirmando: "Evitaremos (...) a expressão de fenômeno psíquico e falaremos de *vivências intencionais*" (1995, p.498, v.2). Disse ainda: "Reconhecemos na intencionalidade a propriedade das vivências de ser 'consciência de algo'" (in Ferrater Mora, 1965, p.982, t.1). Entretanto, nem todas as vivências são, para o autor, necessariamente intencionais.

Diante do procedimento da "*epoché*" (colocar entre parênteses a existência singular da coisa), ele tratou de estudar a própria experiência, sem nenhuma referência ao mundo empírico. Constituía-se, assim, a mente como um campo de investigação interna. A intenção, conseqüentemente, estaria na base de todas as atividades da consciência e se encontraria numa relação de anterioridade em face de todos os atos volitivos. A atenção[6], em compensação, busca colocar ininterruptamente em foco a consciência sobre um determinado objeto.

[6] A atenção foi considerada: "como uma certa capacidade da mente – fundada em processos orgânicos [ou] relacionada com eles – para canalizar os processos psíquicos (...) dentro de certas vias. (...) [Quando] Husserl (...) fala da consciência como foco dos atos, o modo de atenção da consciência adquire uma importância maior (...) [há] uma noção da atenção como 'modo existencial' próprio do homem no sentido do seu ser consistir primariamente em um 'estar no mundo' (...) o homem se constitui como tal em virtude precisamente do fato de que 'estar atento' lhe permite se abrir para o mundo, (...) não somente como um âmbito dentro do qual ocorrem os estímulos e sobre o qual operam as reações, mas, além disso, como a zona em que se dá a possibilidade das objetivações. (...) [Para Merleau Ponty], a atenção não significa simplesmente enfocar os objetos para iluminá-los. (...) A atenção dá precisão ao horizonte da 'visão'" (in Ferrater Mora, 1965, p.150-2, t.1).

Podemos tratar de modo sutil o emprego da intenção como uma forma de tornar conscientes os processos automáticos de conduta. Desse lugar, torna-se um apoio ativo da atenção.

Como a atenção constitui o princípio de toda experiência eutônica, aliada ao uso da intenção ela pode nos ajudar a desmontar

---

Formação reticular: "Os neurônios dispersos da calota e suas prolongações entrelaçadas como uma rede se denominam formação reticular. Ela ocupa a parte central da calota e se estende desde a medula até o mesencéfalo oral. É possível distinguir várias zonas de estrutura diferente. No campo interno se encontram núcleos de células grandes, das quais saem faces de fibras largas ascendentes e descendentes. A faixa externa de pequenas células é considerada uma área de associação" (Kahle, 1999, t.3, p.132).

A atenção e o papel da formação reticular do talo cerebral: as partes superiores da formação reticular do talo cerebral, especialmente aquelas situadas no mesencéfalo (cérebro médio), e a parte alta da protuberância, quando se excitam, incrementam bastante a atividade do córtex. Este sistema se chama sistema reticular ativador e se divide em duas regiões, a saber, uma mesencefálica e outra talâmica.

"Transmite a maior parte de seus sinais para o córtex cerebral através do tálamo, e a estimulação de áreas específicas deste último excitará áreas específicas do córtex cerebral, assim talvez dirija desta maneira a atenção do sujeito para categorias específicas de pensamento.

O próprio sistema reticular ativador pode se excitar através de: 1) sinais de quase todos os sistemas sensoriais, somáticos, visuais, auditivos ou de outro tipo; 2) sinais que voltam desde o córtex cerebral até a porção mesencefálica do sistema reticular ativador; e 3) sinais desde o hipotálamo e partes do sistema límbico" (Guyton, 1987, p.204).

António Damásio, ao se referir às conclusões das pesquisas recentes efetuadas por especialistas nesse tema, sintetiza: "durante os períodos conscientes, a formação reticular gera uma salva contínua de sinais dirigidos ao tálamo e ao córtex cerebral, o que leva ao estabelecimento de certas geometrias de coerência cortical. Num desenvolvimento paralelo, o estudo dos mecanismos do sono mostrou também que estruturas da formação reticular participam do controle dos ciclos de acordar e dormir. Como dormir é um estado natural de inconsciência, é razoável que consciência e dormir surjam de processos fisiológicos arraigados no mesmo território.

Trata-se de um conjunto verdadeiramente sólido de descobertas, e a descrição global que geram é coerente e valiosa (...). Mas não creio que esta seja a descrição mais abrangente que se possa propor para ligar esta região cerebral aos fenômenos de consciência, nem que a neurobiologia da consciência possa ficar totalmente resolvida com estas descobertas" (Damásio, 2000, p.275).

Descrevendo outros estudos realizados sobre alguns núcleos da região mencionada e trazendo também os sujeitos da experiência para seu próprio laboratório, no âmbito da emoção, considera-os evidências que "sugerem que as estruturas da formação reticular – tradicionalmente entrelaçadas com o controle dos ciclos de vigília e atenção – estão vinculadas também à emoção e ao sentimento, além da representação de estados orgânicos e do meio interno, e de controle autônomo" (ibidem, p.284).

hábitos involuntários, observando o modo ou o modelo que conduz à sua repetição.

Dessa forma, ao explorar a intenção de um movimento com a atenção voltada para as modificações que esta suscita sem desencadear a própria ação, vamos tomando consciência das mudanças que se produzem à medida que efetuamos a experiência.

Por exemplo, em decúbito dorsal no chão, com as pernas flexionadas e com a planta dos pés em contato com o solo, observamos a intenção de pressioná-lo com a perna direita, seguindo a direção do osso tibial. Essas mudanças parecem relacionar-se com uma ativação das vias neurais e do fluxo sangüíneo, entre outras coisas. É como se a perna começasse a acordar e entrasse em um estado de alerta, prestes a desencadear uma ação. Ao neutralizar a ação, encontramo-nos em uma situação análoga à que Husserl estudava, e em condições de explorar algo como os rastros da nossa matriz tônica.

Em nossa experiência corporalizada, parece que sentimos claramente como esse peculiar estado de "alerta" parece se esconder de nossa consciência ao exercermos, de repente, a ação de empurrar.

Essas intenções escapam da nossa consciência em nossas atividades cotidianas quando passamos de uma experiência para outra. Se isso é verdade, nosso corpo expressa de alguma maneira as nossas intenções, embora não tenhamos consciência disso.

Vejamos esta idéia novamente no campo mental: se for pertinente dizer que a intenção está na base de todas as nossas ações, podemos nos perguntar se anteriormente a nossos atos volitivos é possível encontrar uma intenção que passaria da abstração para sua manifestação concreta.

Se isto é possível, nosso corpo expressaria a transformação da cadeia de intenções de toda uma vida.

Aqui, uma vez mais, nossa prática conta com um poderoso instrumento, que nos permitiria produzir um corpo diferente.

> (...) obstinado, perseverante, ele obriga a pensar [o corpo] (...) o que escapa do pensamento, a vida. Não faremos mais a vida comparecer diante das categorias do pensamento; lançaremos o pensamento nas categorias da vida. As categorias da vida são, precisamente, as atitudes do corpo, suas posturas. (Deleuze, 1986)

Noção de Campo

CONTATO CONSCIENTE

(...) a alma e o corpo são um só e mesmo indivíduo,
ora concebido sob o atributo do Pensamento,
ora sob o da extensão.

(Espinosa, *Ética demonstrada segundo a ordem geométrica*)

(...) a mente e a matéria não são substâncias separadas;
são, ao contrário, aspectos diferentes de um movimento
único e contínuo.

(David Bohm, *A totalidade e a ordem envolvida*)

O *contato consciente*, visto como um dos princípios da eutonia, também exige certos requisitos para tornar possível sua execução. Por sua vez, a maior parte do ensino e das práticas eutônicas precisam do contato consciente. Gerda Alexander, ao distingui-lo do tato que delimita, nos diz que:

> (...) com o contato, ultrapassamos conscientemente o limite visível do nosso corpo (...), incluímos em nossa consciência o campo magnético perceptível e eletricamente mensurável que existe no espaço que nos rodeia (...). (1986)

Para concluir que: "Ampliando dessa forma as nossas possibilidades de experiência, podemos alcançar uma relação mais viva com os seres e as coisas (ibidem).

Chama a atenção, na abordagem dessa descrição, o fato de ela estar permeada por componentes do espaço que a consciência registra – noções de campo magnético, impulsos elétricos – e que antecipam uma desvinculação desse conceito ou o desdobramento da compreensão para um território mais amplo.

Podemos supor, por exemplo, na percepção do campo magnético, uma área da consciência que registra a presença de outros espaços relacionados com aspectos vibratórios que modificam esse campo, ampliando nossas possibilidades de experiência. E este, por sua vez, é descrito como *eletricamente mensurável*, o que nos faz pensar na idéia de transmissão de impulsos de intensidades diferentes. Enfim, de aceleração, lentidão, variações rítmicas.

ATIVIDADE DO CAMPO

Podemos observar, na citação anterior, que G. Alexander não se refere à energia, como costuma fazer em outras passagens, referindo-se a outros temas. Neste caso, às vezes se refere ao campo elétrico e outras vezes menciona o campo eletromagnético.

Talvez possamos recriar esse conceito de campo aproximando-o das teorias científicas que podem nos ajudar a observá-lo.

Não parece ser por acaso que a autora menciona esses campos, visto que a teoria da relatividade, já bastante difundida então, colocara em dúvida que a gravitação agia como uma força a distância capaz de colocar os corpos em movimento.

A noção de campo gravitacional, exposta por Einstein em sua *Teoria geral da relatividade* (2000), é expressa através das coordenadas do espaço-tempo: "O que um corpo faz obedece à natureza do espaço-tempo de seu próprio entorno, e não a alguma força misteriosa emanada de um corpo distante" (Russell, 1954, p.99).

Se algo diferencia a física newtoniana da atual é, precisamente, o fato de que a energia já não constitui a explicação total causal do princípio do movimento e da mudança. Trata-se, agora, de propor uma descrição dos fenômenos que levam em conta, além da energia, a noção de campo espacial. Tal é o caso do campo gravitacional, assim como o do campo eletromagnético mencionado por Gerda na citação anterior. O lugar da energia é compartilhado com a atividade do campo. Segundo Rupert Sheldrake,

> (...) embora a energia possa ser considerada como a causa da mudança, a *ordenação* da mudança depende da estrutura espacial dos campos. [E acrescenta:] Essas estruturas exercem efeitos físicos, mas não são em si mesmas um tipo de energia; atuando como causas espaciais ou "geométricas". (1990, p.73)

O conceito de campo adquiriu importância na Física quando se colocou claramente o fato de que a matéria e a energia careciam de uma realidade estável e concreta. No lugar das partículas sólidas e estáveis de que normalmente falavam, os pesquisadores tiveram que reconhecer que se encontravam diante de fatos e processos de probabilidades distintas.

TUDO FLUI

Conseqüentemente, o modo atual de interrogar o mundo implica considerá-lo como um fluir de acontecimentos e processos. Trata-se, então, de descrever uma realidade que se manifesta diante de nós na forma de uma mudança perpétua, num processo de transformação constante. O físico teórico David Bohm esclarece que esse fluxo é anterior às "coisas" que vão se tornando formas reconhecíveis para nós, e que veremos diluirem-se novamente nesse fluir:

> (...) existe um fluxo universal que não se pode definir explicitamente, mas que se pode conhecer apenas de forma implícita, como o indicam suas formas e estruturas explicitamente definíveis, umas estáveis e outras instáveis, possíveis de se abstrair do fluxo universal. Nesse fluxo, a mente e a matéria não são substâncias separadas; são, ao contrário, aspectos diferentes de um movimento único e contínuo. (1988, p.33)

Devemos também considerar um outro aspecto do novo pensamento científico. Refiro-me a esse novo olhar que procura integrar todos os componentes necessários na observação do mundo. Dessa maneira, o objeto de observação, o observador e os instrumentos de observação são considerados como se estivessem implicados em uma totalidade indivisível.

A presença desses campos seria, então, o que constitui a nossa realidade existente, aqui e lá, em um contínuo espaço-temporal.

CONTATO CONSCIENTE NO CAMPO ESPACIAL ORDENADOR

> *A mente implica a matéria em geral e, por conseguinte, o corpo em particular (...) o corpo implica não somente a mente, mas também todo o universo material (...) tanto através dos sentidos quanto pelo fato de que os átomos constituintes do corpo são estruturas reais que (...) estão implicadas em absolutamente todo o espaço.*
>
> (David Bohm, *A totalidade e a ordem implicada*)

Resumindo o que expressamos na seção anterior, podemos dizer que na Física moderna os campos são subjacentes aos corpos materiais e se encontram no espaço existente entre eles.

Segundo a teoria quântica, os vários campos de energia são responsáveis por tudo o que chamamos de realidade. Agora, no lugar da matéria sólida, descobre-se o imenso oceano espacial. A criação de partículas aconteceria ou teria possibilidade de ocorrer no momento de cruzamento dos campos de energia. Em relação ao campo eletromagnético, afirma-se que as cargas elétricas se propagam como radiações vibratórias.

O que se segue é uma tentativa ou talvez um esboço de compreender esse precioso instrumento que chamamos de *contato consciente* em eutonia, empregando noções análogas às anteriores, provenientes do campo científico. Também me servirei da arte.

Poderíamos nos perguntar se nosso campo energético humano não é formado por vários sistemas de campos. Esses campos estariam interligados permanentemente, embora não tenhamos plena consciência de alguns deles. Ademais, seguindo a idéia de vibração, podemos pensar na possibilidade de que talvez uma espécie de partitura rítmica seja a forma na qual se manifesta o território do contato. Não somos por acaso uma organização melódica feita de vários ritmos vibratórios e em contínua oscilação?

O "TRATAMENTO" EUTÔNICO

Vejamos o *contato consciente* no contexto do assim chamado "tratamento" em eutonia, buscando apreendê-lo com essas noções e segundo o paradigma estético.

Se me aproximo da arte é pelo fato de esta se apresentar numa interface entre o biopsicológico e o cósmico; o caos está nela como fonte de criação permanente.

Respondendo a uma pergunta de Violeta H. de Gainza sobre o *tratamento,* Gerda Alexander afirma que o essencial nele é "adquirir consciência – e é pouco freqüente que isso se produza de forma espontânea – do chão e do campo eletromagnético da outra pessoa, os quais estão influenciando o próprio organismo" (1985, p.80).

Usarei o conceito "campo" para significar um espaço neutro, ou seja, pré-individual e impessoal. Pressuponho que dentro desse lugar se encontram qualidades que potencialmente podem emergir, ou não, como conseqüência resultante do jogo de todos os seus componentes interligados.

O campo global delimita uma cena com duas pessoas e seus diversos campos individuais realizando diferentes papéis – um espaço entre e ao redor de ambas –, bem como os elementos que poderão emergir da relação entre eles.

Podemos considerar o *contato consciente* como um tema musical em que se produz um contraponto. Isto ocorre quando os componentes sensoriais e motores conscientes de uma das partes, tornando-se intenção, toque ou contato em alguma de suas formas, atravessam o território psicocorporal da outra, modificando-o ou desenvolvendo um tema que faz emergir sensações mais complexas, em um tipo de composição que se abre para outras linhas de intensidade, que ressoam através do espaço-tempo.

CAMPO, SUBJETIVIDADE E CONSCIÊNCIA

É possível que esse encontro propicie a criação de um campo de subjetividade que, como dizíamos antes, podemos considerar análogo, por exemplo, ao campo magnético assinalado por G. Alexander.

O funcionamento de todos os componentes mencionados estaria também relacionado à noção de que estamos diante da unidade e da interligação de todas as coisas e processos. Se assim for, não podemos continuar considerando que a consciência esteja separada da matéria.

Como componentes da consciência, podemos enumerar, seguindo David Bohm: o conhecimento, a atenção, a percepção, os atos de compreensão – a que acrescentarei a intenção, de que já falei, por também considerá-la importante aqui. Essas qualidades contribuem permanentemente na nossa maneira de nos expressarmos através do instrumento eleito – nesse caso, o *contato consciente* – e se propagariam, por assim dizer, dentro do campo de subjetividade que mencionei antes.

A intenção pode desempenhar um papel importante, visto que podemos considerar, pelo que expusemos antes (ver o item onde se fala dela especialmente), que a mente segue a intenção. Portanto, se isto estiver claro para o eutonista, ela constitui um dispositivo apto a regular ou a harmonizar o campo.

Por tudo que expusemos até aqui, refiro-me à subjetividade e não ao sujeito, uma vez que falamos de campos de intensidade variável, e nesse sentido também os creio transubjetivos. O que pode emergir é algo que considero que estava dobrado, e é por isso que usei outras vezes a noção de desdobramento.

Deslocamos a antiga noção de energia e recorremos mais de uma vez à idéia de ressonância vibratória. Trata-se, porém, do encontro ou do reencontro com a própria melodia corporal.

Sheldrake, tratando do que ele chama de ressonância mórfica nos campos morfogenéticos, diz:

> Os átomos, as moléculas, os cristais, os orgânulos, as células, os tecidos, os órgãos e os organismos estão constituídos por partes em oscilação contínua, e apresentam padrões de vibração característicos e ritmo interno (...). (1990, p.112)

Toda vibração parece ser a forma de que se revestem as sensações.

Correlações Rítmicas – Transporte Consciente,[7] Verticalidade

NOÇÃO DE ESTRUTURA

A experiência da consciência dos ossos, dado que ela nos comunica um tônus mais leve, pode nos levar, aos poucos, a sentir o corpo como uma unidade de configuração segmentada. Essa consciência de unidade está organizada espacialmente em três volumes principais e interdependentes. Refiro-me à cabeça, ao tórax e à pelve.

Existe uma condição, porém, para que essa intuição de unidade possa ser apreendida. Segundo Mabel Todd, para que a estrutura corporal permaneça ereta de maneira harmoniosa, a linha média deve passar pelo centro do peso de cada um dos blocos, de tal modo que a atração da gravidade se exerça sobre eles de forma igual. Portanto, trata-se de empilhar adequadamente cada uma das três unidades em relação ao seu eixo, com o objetivo de tornar o campo gravitacional um aliado de nossa postura ereta.

RECEPTORES QUE INTERVÊM

Temos que considerar, além disso, que no processo de adaptação de postura ao campo gravitacional também participam as funções do aparelho vestibular, que, situado no ouvido interno, é responsável pela

[7] Recurso ligado aos reflexos antigravitacionais na postura e nos movimentos. Trata-se do emprego consciente dos reflexos de endireitamento, que permitem o fluir das forças antigravitacionais através da estrutura óssea da coluna vertebral, dos pés até o atlas. Pode ser ativado, também, desde outras partes do corpo, como, por exemplo, mãos, ísquios, cotovelos, etc. (Ver também Nota 10.)

orientação da cabeça no espaço; os receptores sensoriais *exteroceptivos* da pele, que informam sobre os estímulos provindos do exterior; os receptores sensoriais proprioceptivos dos músculos, tendões e articulações, que informam sobre a posição e o esforço musculares; os receptores sensoriais *interoceptivos* localizados nos órgãos, que incidem na postura e no uso dos músculos; e os receptores a distância, como os visuais, os auditivos e os olfativos.

MOVIMENTO, A BUSCA DA LEVEZA

O movimento tal como hoje o concebemos dá uma espessura ao instante e o articula no devir.

(Prigogine e Stengers, *Entre o tempo e a eternidade*)

Considerando, então, a noção de estrutura corporal e sua relação com o campo gravitacional, é preciso buscar o alinhamento das partes do corpo já mencionadas para facilitar o fluir do movimento através dele.

O movimento será facilitado pelo alinhamento, que neutraliza todo o esforço muscular suplementar para conseguir uma postura harmoniosa, já que, como afirma Mabel Todd, "se um desses três blocos ósseos não se encontrar no seu alinhamento natural no centro da estrutura óssea, será necessário fazer mais esforço muscular para manter a posição no espaço" (1968, p.59).[8]

É assim, portanto, que cada um dos elementos envolvidos na organização esquelética deve se encontrar também em uma relação

[8] No original: *"but if any one of these three bony blocks is not supported at the center of the structure in its natural alignment, more muscular effort must be exerted to maintain its position in space (...)."*

equilibrada com os restantes, e não somente com a atração que a gravidade exerce para o centro da Terra. Entretanto, para conseguir que essa estrutura funcione solidariamente, dando lugar ao fluir do movimento para obter a sensação de leveza, é preciso considerar a importância da coluna e dos pés, visto que:

> (...) o corpo tem que sustentar o peso através de uma coluna flexível de segmentos articulados e móveis, e transferi-lo, através de uma base oscilante, a dois suportes articulados que repousam na superfície do chão. (Ibidem, pp.61-2)[9]

Tudo isso nos faz considerar a importância dos apoios na postura ereta quando se busca conscientemente os reflexos adaptativos de endireitamento que desencadeiam o transporte.[10]

[9] No original: "*the body... must carry the weight through a flexible column of jointed and movable segments and transfer it through a rocking base to two jointed supports that rest on the surface of the ground.*"

[10] Os reflexos medulares que participam do transporte, ajudando a sustentar o corpo na sua relação com o campo de gravidade, são: reflexo do impulso extensor, que se inicia nos receptores de pressão da planta dos pés e produz a contração automática dos músculos extensores das pernas; reação de ímã, que, ligado ao anterior, opera contraindo os músculos apropriados para restabelecer o equilíbrio quando o corpo tende a cair.

Participação da formação bulborreticular: a estimulação das partes média e superior excita os músculos extensores do corpo, fazendo que o tronco e as extremidades fiquem rígidos para se manterem em posição ereta. Também age no equilíbrio, variando o tônus dos vários músculos.

A maior parte desses reflexos se inicia no aparelho vestibular, situado no ouvido interno, e orienta a cabeça quanto à direção da força de atração da gravidade.

Intervêm, também, reflexos de endireitamento cervicais provenientes de receptores proprioceptivos (de posição), que se encontram no pescoço, que sobre o corpo, mantendo-o alinhado em relação à cabeça; e reflexos de endireitamento ótico, valiosos para corrigir o desequilíbrio, especialmente quando há destruição do aparelho vestibular. (Ver também Nota 7.)

O RITMO COMO INTERFACE INDIVÍDUO/COSMOS

À medida que a função tônica se equilibra e que se pode experimentar a sensação de leveza, o *transporte consciente* pode nos levar a uma consciência mais ampla de unidade em relação ao que nos rodeia. O ritmo vai despontar nessa consciência emergente apoiada no *transporte consciente* como um valioso agenciamento a criar uma harmonia entre o meio interno do indivíduo e o que está "fora" dele.

Se concebermos o ritmo como uma propriedade comum da mente e da realidade, é possível pensar numa interface indivíduo/cosmos através de correlações rítmicas.

Existe um intercâmbio permanente entre o nosso mundo interno e o mundo que nos rodeia, como já assinalamos ao falar dos sistemas vivos como sistemas abertos organizando sua clausura. Este último nos sugere uma dança rítmica incansável, compondo o que chamamos de realidade, entendendo-a como as transformações que o nosso cérebro realiza para tornar perceptível o que se encontra "fora" e considerando que esse "material" funciona numa relação de isomorfismo com ele.

A importância do ritmo alcança, também, a percepção sensorial e a comunicação. Fritjof Capra destaca:

> Quando enxergamos, nosso cérebro transforma as vibrações da luz em pulsações rítmicas de seus neurônios. Transformações semelhantes de modelos rítmicos ocorrem no processo auditivo, e até a percepção do odor parece estar baseada em "freqüências ósmicas". (1987, p.294)

A MATÉRIA MENTAL

A matéria mental é o conjunto de relações e de elementos relacionados entre si que constituem o material de construção do mundo físico.

(Sir Arthur Eddington)

Uma dança rítmica parece compor a realidade que nos rodeia, e a função dos nossos sentidos parece ser a de traduzir para modelos de freqüência uma dessas vibrações. Esses modelos de freqüência constituiriam, então, o "material" que o nosso cérebro processa.

Para ver, ouvir, cheirar, degustar, o cérebro transformaria matematicamente certas freqüências. Os nossos processos mentais, segundo o que se deduz das investigações neurofisiológicas de Karl Pribram, seriam do mesmo tipo que o princípio organizador, ou seja, imateriais. Parafraseando o astrônomo A. Eddington, pode-se dizer que a matéria do universo é a matéria da mente.

Se levarmos em conta que as partículas que compõem o nosso corpo se relacionam entre si e se agitam ritmicamente acompanhando o movimento mais vasto do universo, e que o nosso organismo, aparentemente estável, nos oculta processos dinâmicos subjacentes, podemos afirmar que a relação entre processo e estabilidade é mais harmoniosa quando o organismo se adapta ao modelo rítmico de vibração, flutuação e ondas.

CONCLUSÃO

Uma conclusão guiou tudo o que tenho dito até agora: a importância da eutonia como instrumento para proteger, ampliar e enriquecer a nossa subjetividade.

Encontramo-nos imersos em uma época histórica cuja cultura revela uma forte tendência para uma homogeneização redutora da nossa subjetividade, que se realiza especialmente através das novas tecnologias de informação e de comunicação. Segundo Félix Guattari, estas agem no ser humano "não só no âmago de suas memórias, de sua inteligência, mas também de sua sensibilidade, de seus afetos e de suas fantasias inconscientes" (1996, pp.14-5).

Penso que a eutonia pode ajudar a neutralizar os efeitos dessa tendência redutora e dar ao ser humano uma experiência de maior complexidade, flexibilizando sua identidade. Este é o primeiro passo para se criar as condições que lhe permitem vivenciar outras experiências que o distanciem, gradativamente, dos traços de sua personalidade que não respondem ao mais profundo do seu ser. Trata-se, portanto, de uma qualidade de vivência que lhe possibilita estabelecer contato com outras regiões de indistinção ou incerteza, para ajudá-lo a se aprofundar no descobrimento de si mesmo.

A eutonia não faria senão abrir para o ser vivo o campo global de sua subjetividade, permitindo-lhe reencontrar-se com todo o potencial de suas qualidades, ou seja, seus afetos, sua vontade, seu entendimento, sua consciência, etc.

Sabe-se que como seres vivos nos encontramos em um processo permanente de *autopoiesis*,[11] ou seja, que contamos com uma forma de organização em que o resultado do que produzimos somos nós mesmos.

---

[11] "Que os seres vivos tenham uma organização naturalmente não é próprio deles, mas ela é comum a todas aquelas coisas que podemos estudar como sistemas. Entretanto, o que é peculiar neles é que sua organização é tal que seu único produto são eles mesmos, não existindo separação entre produtor e produto. O ser e o fazer de uma unidade *autopoiética* são inseparáveis, e isso constitui um modo específico de organização" (Maturana & Varela, 1990, p.29).

Estendendo o sentido de *autopoiesis* e aproximando-o do caráter consciente da nossa prática, podemos acrescentar que, para manter a nossa auto-organização, devemos tirar a energia do meio externo. Ademais, sabe-se que com a energia obtemos também a informação.

Edgar Morin fala disso da seguinte maneira:

> Em virtude do segundo princípio da termodinâmica, é necessário que esse sistema extraia energia do exterior; isso quer dizer que, para ser autônomo, é preciso depender do mundo externo. E sabemos, pelo que podemos observar, que essa dependência não é só energética, ela é também *informativa* (...). (1994b, p.69)

Desta forma, a energia associada à informação vai criando novos modelos de organização. Daí podermos deduzir que nossa experiência seria algo que "in-corporamos", e isso não é metáfora. Trata-se, sobretudo, de um processo que vai se imprimir em cada uma de nossas células, de algo que transformamos em corpo.

Nossa consciência está, de alguma forma, produzindo incessantemente informação biológica. A energia e a informação vão criando novos modelos conforme o ritmo de nossa ação consciente.

Gerda Alexander já nos falou da importância da eutonia, destacando que essa prática nos convida a nos aprofundarmos no descobrimento de nós mesmos. E com sua lucidez e criatividade tão singulares ela propôs antecipadamente ao homem do nosso tempo:

> (...) aprofundar esse descobrimento de si mesmo sem se retirar do mundo, somente ampliando sua consciência

cotidiana, permitindo-lhe liberar suas forças criadoras com um melhor ajuste para todas as situações da vida e com um enriquecimento permanente tanto de sua personalidade como de sua realidade social. (1986, p.23)

2

EUTONIA: CENÁRIO DE UM DESLOCAMENTO MOLECULAR SILENCIOSO

E lhes digo: é preciso ainda ter caos dentro de si para poder dar a luz a uma estrela dançarina.

(*Nietzsche*, Assim falava Zaratustra)

A complexidade de elementos que surgem no ensino da eutonia foi mostrando a necessidade de implementar uma forma de transmiti-la que, sem recusar a participação do apolíneo, evitasse que a presença desse componente neutralizasse a riqueza do material dionisíaco que aparece no transcurso da experiência.

A ruptura parcial com os pressupostos que normalmente guiam o propósito terapêutico na prática vai repercutir de forma notória no que se entende globalmente por saúde, ou melhor, pelo seu oposto: a doença.

A proposta que formulo é um desenvolvimento do processo de acompanhamento pedagógico atravessado por um tornar-se feminino, o que metaforicamente se refere ao aspecto dionisíaco que contempla e aceita as mudanças ou transformações que decorrem da experiência corporal.

Na tradição ocidental, o corpo concebido como matéria esteve associado ao feminino, tendo sido, portanto, desvalorizado. É esse aspecto *dionisíaco* e sua afinidade com o *feminino*, expresso pelo mito de Dionísio, que desejo colocar em evidência.

Embora masculino e fálico, Dionísio representa uma forma de consciência que não está separada de sua própria feminilidade. Nele, o feminino não se acrescenta ao masculino: sua imagem representa mais uma consciência andrógina, que dá espaço a ambos numa união primordial.

De forma análoga ao que conhecemos dos rituais dionisíacos, o corpo irá expressar os momentos de desmembramento da psique através de sensações que poderiam colocar em questão a noção de identidade. Esta tentará em vão evitar a rachadura do seu centro aglutinante e será levada a dar passagem a outros fluxos de tonalidades não conhecidas, provenientes dessa decomposição e da dissolução das velhas normas.

Esse processo se desenvolve dentro de um *espaço-tempo* que vai modulando o aparecimento de novas sensações, precursoras caóticas da formação de um tipo de membrana que estende suas faces para dentro e para fora.

Podemos situar esta fase como o momento do *acontecimento*, em que o surgimento do caos é um indicador da forma pela qual um sistema se distancia do equilíbrio para dar lugar a outro de maior complexidade.

Por sua vez, a dupla saúde–doença tende a separar as coisas de tal modo que nossos alunos demoram em geral a se colocar acima dessa oposição e a compreender que, precisamente, o único resguardo para não ajudar a perpetuar a doença temida é aceitar as transformações, deixando fluir livremente todas essas novas melodias da paisagem corporal e emocional que surgem nos momentos de crise.

Dito na linguagem da eutonia, é a flexibilidade do tônus que se deve salvaguardar, pois aquilo que tenta deter o fluxo que pode nos levar a um estar diferente é a tendência a querer restabelecer um momento da nossa vida que já é passado e que tende a bloquear essa corrente dinâmica.

O MOLECULAR

Apolo se ergue diante de mim como o gênio do princípio de individuação, o único que pode realmente suscitar a felicidade libertadora na aparência transfigurada,

> *enquanto, ao grito da alegria mística de Dionísio, o jugo da individuação se rompe e se abre o caminho para as causas geradoras do ser, para o fundo mais secreto das coisas.*
>
> (Nietzsche, *A origem da tragédia*)

A prática da eutonia se encontra de certa forma constelada em um rastro rítmico que vai modulando suas cadências na e através da flexibilidade do tônus, com seus componentes neurológico e psicológico variando do pesado à leveza.

A idéia que orienta este escrito consiste em propor que, ao explorarmos a flexibilidade do tônus, passando da leveza ao pesado ou vice-versa, possamos permitir que a atenção, além de se dirigir à região ou ao segmento do corpo que nesse momento constitui o objeto da aula, demore nas transições de um estado para outro, a fim de registrar o que acontece nesse *entre*.

Esses espaços, que são múltiplos durante o desenvolvimento do processo de aprendizagem, contêm um potencial que pode dar lugar ao surgimento de uma corrente de intensidades produzidas na sensibilidade – que, como Gilles Deleuze, chamarei de *moleculares* (microscópicas), para distingui-las das habituais, que em geral são mais de tipo macroscópico e estão relacionadas a um centro organizador da percepção ou a um eu.

As intensidades surgidas da sensação podem fazer desvanecer provisoriamente a noção de sujeito e possibilitar, em seguida, o aparecimento de acontecimentos que poderão ser registrados, agora, por um devir microperceptivo a emergir ao mesmo tempo que o campo de subjetivação.

A suspensão temporal do estado de consciência no qual prevalecem a ordem, as formas e as idéias claras (estado apolíneo) vai permitir o preenchimento desses interstícios, que estão cheios de pequenas sensações ainda não exploradas.

Surge aqui o âmbito propício para nos deixarmos atravessar por suas intensidades, ou seja, por suas *transformações em constante devir*.

Este é um encontro com outros estados germinais que nos levam a criar novas formas da velocidade e da lentidão, que não giram ao redor de um sujeito pessoal, mas que transcorrem, muito mais, no que podemos designar como um campo de forças.

A subjetivação no momento de ser explorada se apresenta aqui como uma *luta* entre os vários aspectos da psique, que irá colocar a força em contato com ela mesma, na forma de forças que dominam ou são dominadas. Dentre as forças a que me refiro estão a vontade, os afetos, o conceber, a imaginação e a consciência.

A EMANCIPAÇÃO DO TEMPO

Esses acontecimentos, porém, fazem parte de uma corrente maior que os sustenta e sem a qual seu surgimento não seria possível; refiro-me ao fluir do tempo, que está imediatamente presente em todas as nossas vivências.

Visto que é primordialmente a função do tempo que possibilita a flutuação da intensidade através das variações do tônus, cabe mencionar alguns dos seus traços característicos na nova concepção na história do pensamento.

Na chamada revolução kantiana, o tempo deixa de estar subordinado ao movimento cíclico, como estava no pensamento antigo. É o movimento que agora estará subordinado ao tempo. Dessa forma, esclarece Gilles Deleuze, "Não é a sucessão que define o tempo; ao contrário, é o tempo que define como sucessivas as partes do movimento tal como estão determinadas nele" (1996a, p.46).

A nova visão incorporada pelo pensamento filosófico moderno sobre essa noção, que junto com a noção de espaço é decisiva no campo da subjetividade, é a do tempo como *afecção pura de si mesmo*. A filosofia kantiana o considera como a estrutura básica da subjetividade, ou seja, como *a forma da interioridade* que vai constituir a essência do voltar-se para si mesmo.

O tempo passa a ser aquilo que proporciona a forma pela qual o ser humano é afetado interiormente por si mesmo num estado de passividade, através do qual torna-se *receptivo* à sua atividade mental como se viesse de Outro.

Disto se deduz também sua relação com a capacidade interna de objetivar. Segundo Heidegger, "Como afecção pura de si mesmo forma originariamente o 'ser si mesmo' finito, de tal modo que o si mesmo possa ser consciência de si mesmo" (1973, p.160).

O Tempo na Eutonia, a Forma de Nosso Sentido Íntimo

Essa formidável reflexão sobre o tempo, que imprime uma virada decisiva no curso do pensamento filosófico, vai nos ser útil para observarmos com novos olhos o que acontece, de maneira análoga, na nossa prática durante os momentos de passividade.

A passividade supõe o repouso do corpo em um estado de quietude receptiva, durante um lapso de *desaceleração temporal*. Entretanto, nesta situação, a atividade da mente, ao contrário da do corpo, é intensa. Dessa maneira, *a receptividade passa a ser um modo de atividade* em relação ao estado de passividade, pela qual é possível obter e processar todas as variações e intensidades de tônus que atravessam o nosso campo de subjetividade, que a mente recolherá através da percepção consciente do fluir das sensações.

A subjetivação é um processo de relação consigo mesmo, que se manifesta na forma de *luta* e que tem como fim colocar a força em contato com ela mesma. A luta que se trava entre os diferentes aspectos da psique tem como objetivo capturar uma força para subjugá-la. Essa luta-entre, afirma Deleuze, "é o processo através do qual uma força se enriquece, apoderando-se de outras forças e juntando-se em um novo conjunto, em um devir" (1996a, p.184).

Conseqüentemente, as forças mencionadas – entendimento, querer, afetos –, passíveis de serem observadas, podem também ser *transmutadas* ou *transformadas* com a intenção de obter um maior domínio sobre si mesmo.

Vou me referir, então, a uma modulação da flexibilidade tônica, abordável segundo um dos extremos da escala – o do pesado, por exemplo –, que permite observar se essa fase se encontra relacionada com a reatividade das forças, que a filosofia nietzcheana tão agudamente descrevera e considerara como a raiz de todas as nossas doenças.

O TÔNUS E AS FORÇAS CATIVAS

Para Nietzche, o corpo se definia pela relação entre as forças do minantes e as forças dominadas. Chamava as primeiras de *ativas,* qualificando-as como afirmativas, enquanto considerava as segundas como negativas, denominando-as de *reativas*.

As *forças reativas*, que poderiam estar ligadas ao que na eutonia chamamos de tônus baixo, nutrem seu poder extraindo-o, precisamente, das forças ativas. Observá-las através de variações tônicas de vários ritmos e intensidades até obter um tônus de maior leveza permitiria sua transformação, liberando as assim chamadas forças ativas (afirmativas).

Chamamos de dionisíaca justamente essa possibilidade e esse potencial de transformação com que contamos para submeter e ativar as forças.

A eutonia pode ser um instrumento excelente a ser utilizado como *analisador* desses estados caósmicos que em geral (em parte por causa do paradigma cartesiano) consideramos como afastados da nossa referência pedagógica. Entretanto, eles estão inscritos no território do corpo, quando este é concebido como um campo mais amplo em que estão manifestas todas as forças mencionadas.

Essas forças podem ser assim abordadas com o objetivo de resgatá-las de seu cativeiro para transmutá-las, ou seja, para tentar mudar seu signo ou polaridade negativa por outra de signo afirmativo. Dessa maneira, estaríamos aproveitando ativamente o legado de Gerda Alexander, quando afirmava:

> Os estados e as mudanças emocionais, tal como a angústia ou a alegria, as várias formas de excitação, o esgotamento físico e psíquico e as depressões, estão intimamente ligados ao tônus (...). A flexibilidade do tônus permite passar por toda uma escala de sentimentos humanos e voltar ao tônus habitual. (1986, pp.25-6)

Através de uma atenção minuciosa, podemos observar e em seguida agir nos padrões corporais e nas fixações do tônus que aprisionam as forças ativas. Decompondo a aliança entre esses elementos com as forças reativas, podemos resgatar as forças ativas de seu cativeiro.

O Movimento

Evidentemente, teremos que observar o movimento através da aceleração e da lentidão. Isso deve ser feito, porém, não somente em relação ao conteúdo da aula, mas também no que se refere à sua *forma*.

Convém destacar, portanto, além da importância já mencionada do *molecular*, que é fundamental observar o *movimento em si mesmo* entre a atividade microperceptiva – que agora substituiu o sujeito – e o objeto ao qual ela se dirige (região, espaço do corpo, etc.), pois é entre eles que o imperceptível começa a ser observado na sua transformação, na percepção consciente da metamorfose que se produz no fluxo da corrente de sensações.

Conseqüentemente, para mapear essas forças é necessário levar em conta sua transformação constante, o que requer ter à disposição um mapa flexível, ou seja, que se produza em sincronia com o surgimento delas.

Em relação à *forma* da aula, é necessário que ela contemple no ritmo das instruções os momentos de repouso e de velocidade, que concentram de forma intensiva os fluxos do tempo, independentemente do conteúdo do assunto abordado.

Deve ser encontrada uma forma de espacialização temporal apropriada que viabilize a experiência de transformação da pessoa – a qual, sem saber, aprisionou a vida em algumas formas organizadas de seu corpo-mente – para possibilitar seu reencontro com o corpo de afetos, de intensidades e de fluxos liberados. Trata-se, portanto, de deixar que um pouco de caos atravesse os sedimentos acumulados e as formas organizadas que congelaram suas forças ativas para liberar novamente todo seu poder e sua vitalidade.

Esse poder de transformação é o poder dionisíaco, que desmembra para reunificar, em uma tentativa renovada da vida para escapar daquilo que a aprisiona. Talvez ampliando e sutilizando a nossa abordagem do corpo nos aproximemos do potencial humano, ainda oculto para nós, conforme as palavras de Zaratustra anunciavam: "Atrás de teus pensamentos e sentimentos, irmão, encontra-se um soberano poderoso, um sábio desconhecido – chama-se si mesmo. Ele habita em teu corpo, é teu corpo" (Nietzsche, 1993, p.61).

Um Núcleo de Forças que se Multiplicam

Vou me referir agora ao diafragma como um território possível de convergência, desmembramento e reunificação das forças mencionadas. Citarei alguns dos motivos que me conduziram a estas conclusões:

• O diafragma é o músculo central da respiração, possuidor de uma singularidade especial graças ao lugar que ocupa, separando a cavidade torácica da abdominal, e pelas múltiplas conexões que, em razão dessa posição central, ele mantém com o esqueleto e com os órgãos. Pode ser um espaço de observação privilegiado, pois aqui também há outras correntes de energia (embora, certamente, não seja o único espaço).

• Considero que o diafragma é o lugar onde se encontram as vias de acesso e de distribuição das forças vitais de todo o organismo. É um poderoso centro emocional e ponto de equilíbrio dos sistemas simpático e parassimpático. Enfim, é uma espécie de *ponte onde se cruzam a mente e a vida, entrelaçadas em um campo de correntes emocionais*.

• Segundo Mabel Todd, o diafragma, por sua localização, está ligado a diversas partes do esqueleto e das vísceras, motivo pelo qual tem uma relação dupla com os ritmos orgânicos e esqueléticos, afetados por ele e pelos quais, por sua vez, é afetado.

> De fato, incide no ritmo das vísceras torácicas e, por sua estimulação e pressão sobre as vísceras abdominais, incide também no ritmo digestivo. Ao mesmo tempo, participa do ritmo esquelético por suas inserções musculares. (1968)

• Wilhelm Reich, que descreve a couraça muscular numa disposição segmentada de sete anéis de tensão situados perpendicularmente ao eixo do corpo, denomina o quinto segmento de *diafragmático*:

> O quinto segmento da couraça é um anel de contração que se encontra sobre o epigástrio, ocupando o extremo inferior do esterno, e segue ao longo das costelas inferiores até chegar nas inserções posteriores do diafragma, ou seja, a décima, a décima primeira, a décima segunda vértebras torácicas. Abrange essencialmente o diafragma, o estômago, o plexo solar, o pâncreas, o fígado e dois feixes musculares, sempre evidentes ao longo das vértebras torácicas inferiores. (1975, p.382)

• Alexander Lowen, ao se referir à ansiedade, considera o diafragma como o músculo principal da respiração, destacando que sua ação está condicionada à tensão emocional: "Reage às situações de temor se contraindo. Quando a contração é crônica, produz-se a predisposição à ansiedade" (1978, p.120).

• David Boadella refere-se à garganta, à nuca e ao diafragma como as três articulações principais do corpo, que ligam as regiões da cabeça, a coluna vertebral e os órgãos internos. Enfatiza ainda que, na terceira, que liga a coluna vertebral e as vísceras do tronco, o eixo mesodérmico e a energia endodérmica, a "ponte é feita pelo diafragma, que é a bomba principal do corpo na respiração" (1993, pp.99-100). Mais adiante, assinala algo muito importante a respeito deste músculo ímpar e assimétrico, relacionado ao esboço do nervo frênico que o conecta com o pescoço:

> (...) o diafragma pode ser considerado o fundo do pescoço, pois embriologicamente é ali onde ele se origina e cresce para baixo durante o desenvolvimento fetal. O principal nervo frênico, que chega no diafragma, atravessa a coluna pela quarta vértebra cervical – no pescoço. (Ibidem, p.100)

RESPIRAÇÃO E EUTONIA

Na prática da eutonia, o assunto da respiração, que como vimos está ligada principalmente ao diafragma, é evidenciado por duas atitudes dominantes que presidem seu enfoque.

A primeira se refere à *observação*, que é para onde se dirige principalmente o olhar do profissional, registrando as modificações involuntárias que se produzem na respiração da pessoa; a segunda, quase algo imperativo, é uma atitude de *não-interferência* que vai constituir também um dispositivo de segurança para o aluno.

Segundo Gerda Alexander, basta eliminar as fixações do tônus muscular para agir indiretamente sobre a respiração:

> (...) toda percepção consciente de uma parte do corpo age não somente sobre o tônus, a circulação ou o metabolismo, mas também sobre a respiração inconsciente habitual (...) [que se encontra inibida] por tensões que podem se situar no períneo, na virilha, na musculatura abdominal, no diafragma, nos intercostais, nos ombros, na nuca, nas mãos, nos pés, no aparelho digestivo e nos órgãos genitais. (1986, p.28)

Posteriormente, em outro texto, quando fala sobre o tratamento eutônico e a conveniência de começá-lo desde os pés, Gerda Alexander vai considerar o diafragma e a base da pelve de um ponto de vista mais psicológico, afirmando que:

> (...) quase todas as pessoas neuróticas experimentam sérias dificuldades na base da pelve, associadas a bloqueios e tensão no diafragma. Essas pessoas, ao serem tocadas diretamente nessas zonas, ficam demasiadamente ansiosas, às vezes furiosas; *aí estão, portanto, a meu ver, os maiores conflitos expressos pelo corpo.* (in Gainza, 1985, pp.78-9 – grifos nossos).

OUTRAS ABORDAGENS

A importância atribuída à respiração nas doutrinas e práticas orientais é bastante conhecida, sendo assim eu me limitarei a assinalar a importância concedida ao momento da expiração – fase respiratória destacada, por exemplo, na disciplina do Zen Soto.

Essa disciplina, cabe esclarecer, não procura ensinar ao discípulo como respirar; ao contrário, deixa que ele descubra como respirar por si mesmo em seu próprio corpo. Dessa forma, T. Deshimaru nos diz:

> Se vocês se concentrarem na inspiração, ficarão fracos. Quando choramos, inspiramos. Quando estamos felizes, quando rimos, concentramo-nos na expiração... Concentrem-se na expiração quando estiverem tristes ou se sentirem fracos. Isto muda o nosso estado de espírito. (1985, pp.109-11)

Vou me referir agora a outros aspectos derivados de enfoques provenientes da tradição espiritual.

A ioga chama de *chakras* (palavra sânscrita que significa roda) uma série de vórtices semelhantes a rodas que se encontram na superfície do que chamam de duplo etéreo do ser humano, que se projetaria além do corpo físico. O terceiro *chakra* se localiza no plexo solar e é considerado "intimamente ligado a sentimentos e emoções de vários tipos" (Leadbeater, 1983, p.27).

Denominou-se a região que aloja o diafragma de "cérebro abdominal", e essa denominação vem da importância que lhe é dada em relação aos ciclos do devir cósmico. Acredita-se que está impressa, nesta região, a memória dos ciclos do passado pessoal desta e de outras vidas, bem como a memória dos ciclos que estão por vir, aos quais o iniciado poderá ter acesso uma vez que sua evolução lhe permita adaptar sua consciência nesse nível.

Essa visão nos conecta, então, com o macrocósmico e nos faz pensar na possibilidade de nos sintonizarmos com outras forças de qualidade e potencial de nível diferente, mas que têm sua sede também neste lugar.

UMA FORMAÇÃO PARTICULAR

Voltando ao microcosmo humano e à posição do diafragma nele, convém destacar duas questões de suma importância:

A primeira questão está ligada à sua *origem embriológica* – já mencionada na citação de Boadella –, para acrescentar que a aponeurose cervical profunda tem continuidade através de uma rede aponeurótica complexa, fascial e ligamentar, que o mostra suspenso desde a base do crânio e da coluna cervicodorsal até a parte alta do tórax. Chamou-se essa parte cervicotorácica de "tendão do diafragma", porque apresenta uma cadeia fascial muito consistente. Debaixo do diafragma e prolongando-o, essa cadeia continua na volumosa cadeia fribrosa que fixa os pilares da coluna lombar, e, iniciando-se em suas inserções e formações que permitem a passagem do psoas e do quadrado lombar, a cadeia fascial desce lateralmente até a pelve e os membros inferiores: "A poderosa formação aponeurótica constituída pela aponeurose do psoas e a fáscia ilíaca vai se fixar, embaixo, ao ilíaco, à aponeurose femoral, ao trocânter menor, para reencontrar a aponeurose femoral" (Souchard, 1987, p.18).

Observemos que os pilares, em sua parte externa, dão lugar às formações mencionadas, que permitem a passagem dos músculos psoas e *quadrado lombar*. Esse músculo, que ocupa uma posição central na eutonia e de cuja regulação tônica vai depender globalmente o equilíbrio tônico do resto do corpo, *vê seu tônus afetado pelo do diafragma*. O mesmo ocorre com o psoas.

A segunda questão se refere às suas *relações e orifícios*.

Relações do diafragma:

- *Cara superior*: a) com o coração, através do pericárdio parietal que adere ao folíolo anterior pelos ligamentos frenopericárdicos; b) com os espaços pneumopulmonares direito e esquerdo;

- *Cara interna*: coberta, em grande parte, pelo peritônio, que adere ao centro frênico.

O fígado ocupa a parte interior da cúpula direita, a que se encontra unido pelos ligamentos triangulares. O estômago está suspenso em relação ao diafragma pelo ligamento gastrofrênico; está ligado ao baço pelo ligamento frenoesplênico; e se liga ao ângulo esquerdo do cólon através do ligamento frenocólico. O diafragma tem relação também com as glândulas supra-renais, o pâncreas e a extremidade superior dos rins.

Orifícios do diafragma:

- *Aórtico*: vai até D-12 e é um canal que possibilita a passagem da aorta e também o do canal torácico;

- *Esofágico*: situado no nível da D-10, permite a passagem dos nervos pneumogástricos e do esôfago;

- *Da veia cava inferior*: atravessa o centro frênico entre o folíolo anterior e o direito.

O PARADIGMA ESTÉTICO

Já falei sobre a dupla relação que o diafragma mantém com os ritmos orgânicos e esqueléticos e sobre como um afeta o outro, através de múltiplas conexões que ele estabelece com as vísceras e com o esqueleto. As últimas precisões anatômicas buscam ajudar a compreender a importância que lhe é atribuída neste texto.

Certamente, esses ritmos são uma das formas pelas quais expressamos o tempo, através das ondas respiratórias que comunicam a vida a cada uma das células do nosso corpo, pelo fluxo sangüíneo e pela circulação.

Cada um de nós é uma espécie de partitura tonal que também expressa, através da sua singularidade, as ondas vibratórias procedentes do espaço cósmico, que como um banho sonoro estimulam ativa e permanentemente o que nos envolve.

Encontrar o próprio tônus supõe passar, graças à flexibilidade a que nos convida a eutonia, "por toda uma escala de sentimentos humanos".

Considerar o diafragma como um lugar privilegiado nos faz descobrir o rastro rítmico-emocional ou a melodia pessoal que deve ser liberada das fixações do tônus na região. Isto requer transmutar as forças dos afetos que estão presas em cada uma das vísceras para encontrar o movimento rítmico sustentado pelas forças afirmativas, que são relampejos do tempo que, cavando no sentido interior, permite a expressão do ritmo respiratório aberto à leveza.

O diafragma concentra a maioria das vias que são atravessadas por vários fluxos sensitivos. É como se, de forma simultânea e sincrônica, em um só instante, toda a paisagem corporal expressasse a si mesma através de seu rastro rítmico.

Quando dizemos que através da eutonia buscamos uma "tonicidade harmoniosamente equilibrada" (Alexander, 1986), estamos incluindo ou dando como certa a presença da *tensão*.

O que indicamos por meio da partícula grega "eu" como idéia de algo harmonioso pode, então, ser entendido como a expressão de um *equilíbrio de forças*. Essa ressonância, que remete à arte dos gregos, pode nos fazer pensar na manifestação de uma sensibilidade que busca a conciliação interior entre as várias forças que nutrem as sensações.

Podemos supor que o Super-Homem de quem Nietzsche falava (não o homem superior que ele tratou de desmistificar nessa galeria de personagens-máscaras que dramaticamente atravessam o livro IV de Zaratustra), *o homem novo* que ele via aparecer no horizonte, poderia nascer provindo desse centro de consciência.

3

DESLIZAMENTOS NOS RASTROS DA METÁFORA

ENTRE CORPO E PSIQUE

A possível existência de um âmbito não considerado nem na teoria nem na prática da eutonia despertou em mim o interesse de pesquisá-lo para tentar descobrir se ele já estava latente no material rico e complexo que herdamos de Gerda Alexander. A meu ver, há indícios de sua presença, porque faz parte de nossa subjetividade. E embora esteja esquecido se recusa a desaparecer, podendo estar oculto nos interstícios do nosso psiquismo.

Serei guiado neste percurso pelas marcas deixadas por autores que, em outras áreas de pesquisa, ressaltaram sua importância.

Abordarei, portanto, o plano do metafórico – pois é disso que se trata – para resgatar a existência de um mundo interno no qual, junto com as sensações, tema da eutonia, conviveriam os pensamentos, as imagens e os afetos. Refiro-me ao território da psique.

Poderíamos afirmar desde já que, se algo caracteriza este campo, deve-se ressaltar em particular a presença das imagens, e que sua forma de expressão é particularmente metafórica.

Isto quer dizer, também, que neste lugar é preciso evitar a literalidade das nossas experiências, visto que tudo que se vive – seja nos planos mais interiores, seja nos fatos externos – deve ser observado além do seu significado literal.

Esse cenário, que nem sempre é considerado na sua complexidade, é freqüentemente reduzido ao âmbito mental, no qual aparece revestido na forma do consciente.

Na eutonia, a meu ver, não parece ter um lugar que lhe é atribuído; mais que isso, este lhe é subtraído nas duas oportunidades que lhe seriam propícias: por um lado, no campo da imaginação, uma vez que se considera que sua utilização prejudica a captação de sensações; e, por outro, no contexto pedagógico que orienta a prática, que não visa despertar as emoções.

Diz-se, no entanto, que o trabalho da eutonia tem repercussões sobre o psiquismo e que busca articular a unidade psicossomática. Conseqüentemente, há um espaço onde as imagens são plenamente reconhecidas, e esse lugar parece estar constituído na figura emblemática do tônus, que por sua vez é portador de um espectro bastante amplo de tonalidades emotivas.

Uma amostra disso nos é oferecida pela própria criadora, quando, ao fazer alusão à flexibilidade do tônus e à riqueza que supõe a experiência de explorar a vasta gama que vai do pesado à leveza, afirma que: "Os estados e as mudanças emocionais, assim como a angústia ou a alegria, as diversas formas de excitação, o esgotamento físico e psíquico e as depressões, estão intimamente ligados ao tônus" (Alexander, 1986, pp.25-6).

Deve-se notar, também, que as reflexões relacionadas com esse assunto estão em geral associadas, por um lado, à *musculatura tônica*[1] e, por outro, à importância consignada *à formação reticular* na modulação do tônus através do *anel gama*.[2] Isso requer, porém, como se sabe, um trabalho

[1] Características da atividade tônica: "a) não gera movimentos nem deslocamentos; b) é estabelecida lentamente; c) é persistente; d) é muito resistente ao cansaço; e) seu consumo energético é fraco; f) a freqüência do tétano fisiológico que mantém a contração tônica é baixa, ao contrário do que acontece na contração fásica" (Loyber, 1999, pp.153-4).

[2] "O eixo do motoneurônio gama e o neurônio aferente do reflexo miotático constituem o anel gama. Através desse anel, a atividade gama vai influir sobre o motoneurônio alfa. O motoneurônio gama, ao contrair as fibras musculares do fuso, produz o estiramento da parte central deste e a estimulação do receptor primário ou anuloespiral com a produção do reflexo miotático.

consciente, que é o que vai permitir estabelecer o nexo com essa estrutura do sistema neural.

Segundo António Damásio, existe uma "conexão íntima entre essa região e a produção de estados necessários para a consciência" (2000). As pesquisas feitas por esse neurobiólogo, que apresenta uma síntese entre os enfoques tradicionais e as pesquisas recentes realizadas sobre a formação reticular, fazem que ele acredite que essa região "participa simultaneamente de processos referentes à vigília, à regulação homeostática, à emoção e ao sentimento, à atenção e à consciência" (ibidem).

Mais adiante, porém, o autor esclarece que, apesar de incorporar a idéia clássica, também se diferencia dela, ao considerar que nem a região anatômica nem a função da atenção podem se encarregar satisfatoriamente da consciência:

> (...) minha proposta incorpora a idéia clássica, mas se distingue pelo seguinte: primeiro, oferece uma base racional biológica para explicar a origem e a localização anatômica do dispositivo; segundo, postula que as ações do dispositivo, tal como são descritas normalmente, contribuem de maneira importante para o estado de consciência, mas não produzem o aspecto subjetivo que a define. (Ibidem, pp.285-6)

Nesse caso, a contração do fuso e a estimulação do receptor primário não se produzem por estiramento muscular, mas por um impulso nervoso proveniente do motoneurônio gama (atividade gama). O motoneurônio gama, por sua vez, sofre a influência de estímulos que lhe chegam de receptores exteroceptivos, (...) e de centros supramedulares (...), dentre as quais se encontram fundamentalmente aquelas exercidas pela formação reticular através dos fascículos reticuloespinais" (Loyber, 1999, p.58).

Falemos agora da *musculatura tônica ou de sustentação*. Ao papel central que lhe é designado por sua responsabilidade na manutenção da postura, lhe é acrescentado também aquele atribuído pela marca deixada na criança na etapa pré-verbal, momento do desenvolvimento em que se reconhece e se destaca a importância do espaço das emoções. Sabe-se que há traços no comportamento de um indivíduo que podem remeter àquela etapa.

Gerda Alexander, respondendo a uma pergunta sobre esse assunto e sobre a possível influência da psique no corpo quando se verbalizam as experiências da etapa pré-natal e pré-verbal nas sessões de psicanálise, sustenta que a verbalização não possui a mesma eficácia daquilo que se vive emocionalmente no corpo, para ressaltar, ao contrário, a incidência que o trabalho corporal teria sobre essa etapa. Ela afirma que:

> Isto explica também porque, através de nosso trabalho, conseguimos nos aproximar da raiz da neurose, e de como é possível introduzir mudanças sem dar nenhum tipo de explicação; estaríamos influindo diretamente sobre a atitude no bloqueio originado na etapa ou período pré-verbal. (In Gainza, 1985, p.70)

Expressão Artística

Gostaria agora de me referir à existência de um outro espaço no caminho percorrido pela autora, no qual as emoções fazem parte do material com que se trabalha e que se encontra no campo da arte.

Entre as experiências de Gerda Alexander que foram dando forma ao que mais tarde conheceríamos como a eutonia, encontram-se em grande medida aquelas relacionadas com atividades expressivas, nas quais, obviamente, as emoções desempenham um papel considerável.

Podemos nos perguntar o motivo que a fez não querer abrir esse espaço de riqueza humana considerável na nossa prática e a considerar finalmente a eutonia como um dispositivo presente na base de um amplo espectro de atividades, que compreenderia tanto as formas expressivas como as atividades cotidianas, as brincadeiras e os esportes: "A eutonia devia constituir uma base comum para todas as formas de movimento artístico (rítmica, dança, ópera, teatro) e todos os gestos de nossa vida cotidiana, as brincadeiras e os esportes" (Alexander, 1986, p.37).

Talvez o momento histórico que lhe coube viver – em uma Alemanha onde o nazismo ia usar o desenvolvimento científico e tecnológico para desenvolver uma poderosa máquina de destruição, e que com seu poder de sugestão produziu a aceitação e a adesão irracional que levou a Europa de então a viver um dos momentos mais sinistros da história – tenha fechado esse caminho que podemos chamar de estético e em que as emoções teriam encontrado um lugar privilegiado. Não parecia ser esse caminho, com suas incertezas e lugares escuros que podiam fazer a razão tropeçar, aquele que poderia tê-la seduzido.

Um Objetivo Terapêutico

Ao contrário, é louvável o esforço que a criadora da eutonia fez para abrir o caminho terapêutico. Mas este não era um empreendimento fácil, pois necessitava obter reconhecimento do meio médico, que se mostrava particularmente cético em relação aos benefícios que esta prática podia trazer no campo da saúde.

Vem daí talvez a ênfase colocada na necessidade de acompanhar de perto os resultados de pesquisas científicas que pudessem validar a seriedade da sua proposta: "a eutonia deve permanecer em contato com os meios científicos, que dão mais clareza, mais precisão, mais exatidão ao conhecimento das realidades psicofisiológicas" (Alexander, 1986, p.71).

Nesse sentido, os descobrimentos que a neurofisiologia realizava então, relativos à função da *formação reticular* e à importância do *anel gama* na modulação do tônus, vinham dar rigor científico a resultados terapêuticos obtidos através da eutonia, o que faz a autora afirmar que:

> O papel desempenhado pela formação reticular, pelo sistema límbico, sobre a psique, era desconhecido ou mal interpretado, como a diferença entre as funções da musculatura dinâmica e a de sustentação, ou a existência de fibras vermelhas e brancas nos músculos. (Ibidem, p.38)

Gerda Alexander tinha consciência, entretanto, do fato de que a corroboração, através da ciência, das descobertas referentes à prática pode chegar a se produzir em um tempo mais longo que o desejável, e às vezes de forma fragmentar e certamente nunca definitiva.

Isso também nos leva a deduzir que, se a eutonia tivesse esperado descobrimentos do meio científico que a justificassem, não teria sido possível contar com ela senão muito mais tarde, deixando privadas de seu benefício tantas pessoas que através dela conseguiram um bem-estar antes jamais alcançado. "Ocorre com freqüência que os descobrimentos empíricos não encontrem, senão muito tempo depois de sua manifestação, explicações científicas, ainda que parciais ou provisórias" (ibidem, p.70).

Ainda levando em conta essa restrição, é evidente que esse fato permitiu à nossa disciplina pisar em um terreno menos escorregadio e, ao mesmo tempo, lhe deu um *status* que a fez merecedora, gradativamente, do reconhecimento de setores médicos especializados.

Uma vez ressaltada a importância que tem para nós o conhecimento das contribuições da neurociência, valiosíssimas e insubstituíveis para o enriquecimento de nossa prática, cabe agora tratar de situar esta forma de validação em seu justo lugar.

A importância dos descobrimentos neurofisiológicos, que requerem a forma de comprovação factual para serem reconhecidos pelo meio científico, pode ser considerada como o correlato, se desejamos ser objetivos, do que acontece em um campo mais complexo e interior da experiência humana.

Tratemos, portanto, de esclarecer um pouco mais esse assunto, colocando-o no interior das relações corpo–cérebro.

Corpo e Cérebro

Vamos esclarecer, em primeiro lugar, nossa relação com o corpo, pois esta é a primeira diferença que vai nos permitir discernir entre dois campos distintos, cada um com suas próprias leis.

Podemos dizer que o modo específico de viver o nosso corpo se encontra dentro do que poderíamos chamar de uma *subjetividade intencional*, ou seja – quero enfatizar a importância disto –, que *não está dentro de um campo objetivo e mensurável*, no qual podemos aplicar as leis que vigoram para o conhecimento científico.

A "subjetividade intencional" é aquele âmbito em que se mantém em silêncio para nós tudo o que se refere, por exemplo, à atividade dos circuitos nervosos, bem como à informação hormonal que viaja pela corrente sangüínea. Sendo assim, o que experimentamos como estados de consciência é vivido por nós de uma maneira imediata e em nosso espaço interior. São estados internos que emergem na nossa consciência basicamente através de fluxos de sensações, lembranças, emoções e imagens.

Dessa forma, durante a execução de um movimento corporal podemos experimentar liberdade, restrição, bem-estar, dor; e como resultado disso, entre outras sensações, sentimos leveza, peso, distensão, aumento da superfície de apoio do corpo ou de segmentos deste na sua relação com o chão, ou mesmo mudanças na temperatura da zona trabalhada.

Nada, porém, está relacionado com o circuito nervoso, tampouco com o fluxo de neuropéptidos que incide no comportamento das encefalinas e endorfinas, embora seja reconhecido e observável que toda essa atividade, e não somente ela, se produz no nosso meio interno.

Essa particularidade leva, portanto, a duas formas diferentes de verificar o estado registrado, as quais em última instância vão responder a dois discursos, que ainda permanecem separados e de certa maneira não conciliáveis. Parece razoável evitar a redução de um ao outro, visto que não haveria, em princípio, compatibilidade entre as duas ordens.

Precisamente a este último aspecto, faz referência o filósofo Paul Ricoeur, em seu diálogo com o neurobiólogo Jean-Pierre Changeux:

> Em um discurso se fala de neurônios, de conexões neuronais, de um sistema neuronal; no outro se fala de conhecimento de ação, de sentimento, ou seja, de atos ou de estados caracterizados por intenções, motivações, valores. (1999, p.22)

Podemos dizer que, fazendo-nos de eco da busca dos dois especialistas, ainda falta a elaboração de um discurso que permita a união de ambos: aquele que descreve e permite conhecer a neurociência, que vê o cérebro como objeto de estudo, e aquele que se refere ao que vivemos internamente no âmbito subjetivo da experiência.

A necessidade desse discurso não é de nenhuma maneira uma novidade, já que o abandono da escolástica e o surgimento da nova filosofia herdam da Antigüidade a questão da união do corpo e da alma. Segundo Ricoeur, a necessidade desse discurso já havia sido vista por Descartes e formulada especulativamente por Espinosa na unidade da substância, numa época em que ainda se acreditava em "algo que existe em si e por si" (ibidem).

Voltando ao que dizíamos anteriormente, podemos dizer que como *indivíduos* estamos internamente atravessados pela vivência dos estados mentais recolhidos através de todo o repertório de sensações assinaladas, enquanto o cérebro é objeto para a ciência e, conseqüentemente, um objeto de conhecimento empiricamente observável.

Falemos agora de uma outra questão referente às formas adotadas pelo corpo na linguagem, para esclarecer que também do ponto de vista semântico cabe distinguir as *duas formas* através das quais o discurso se refere ao corpo: como o *lugar das experiências por nós vividas* e *como território de atividades cognitivas*.

> Ao corpo-objeto se opõe semanticamente o corpo vivido, o corpo próprio, meu corpo (desde o qual falo), teu corpo (a ti a quem me dirijo), seu corpo (a ele ou a ela a quem conto a história). Dessa forma, o corpo está presente duas vezes no discurso, como corpo-objeto e como corpo-sujeito, ou melhor, corpo-próprio. (Ibidem)

Além do mais, tampouco parece viável ir de um tipo de discurso para outro, porque, enquanto em um deles nos encontramos em uma relação de pertencimento, em outro carecemos dessa experiência. A razão está no fato de o cérebro não poder entrar na imagem do nosso corpo, pois não contamos com terminações sensoriais do córtex cerebral, enquanto nós as temos para o resto do corpo.

Essa situação nos leva, então, a nos situarmos alternadamente em um ou outro discurso, de modo que, segundo Ricoeur,

> (...) ou falo de neurônios, etc., e me situo em um certo tipo de linguagem, ou falo de idéias, de ações, de sentimentos, e os remeto ao meu corpo, com o qual mantenho uma relação de posse, de pertencimento. Assim, posso dizer que minhas mãos, meus pés, etc., são meus órgãos, no sentido de que caminho com os meus pés ou pego as coisas com as minhas mãos... Ao contrário, quando me dizem

que tenho um cérebro, nenhuma experiência viva, nenhuma vivência corresponde a isso; aprendo sobre isso em livros, exceto (...). (Ibidem, p.23)

Isto indica a importância de não reduzirmos todos os aspectos referentes à complexidade do nosso ser ao tipo de validação adequada para a neurofisiologia e, sobretudo, de nos perguntarmos pela prova de validade que necessitamos para o âmbito subjetivo da eutonia. Portanto, será necessário distinguir ambos os aspectos: aquele que chamaremos de *sensório-motor* daquele que receberia o nome de *psíquico*.

Em relação a isso, e levando em conta as considerações enunciadas por Ricoeur, é fundamental delimitar para o âmbito da *fisiologia* da eutonia as provas de validade que se apóiam em dados comprováveis empiricamente, que respondem ao critério da verdade proposicional, e reservar para a *fenomenologia* da eutonia as provas que se apóiam nos dados subjetivos, que estão mais próximos da noção de verossímil.

Estes últimos, em geral, estão vinculados às narrativas pessoais sobre a experiência vivida e ao consenso obtido pela pluralidade de testemunhos relativos ao mesmo objeto de experimentação. Deveríamos também considerar os primeiros (os comprováveis empiricamente) somente como correlatos externos dos segundos e válidos enquanto tais.

Para concluir, podemos dizer que a permanência, através do tempo e dos diferentes discursos filosóficos, do problema referente ao antagonismo matéria–mente estaria nos indicando que só na *experiência corporal* – neste caso, a *que nos proporciona* o caminho da *eutonia* – poderíamos nos aventurar a afirmar que existe sua unidade.

Essa unidade recuperada desaparece quando a prática é abandonada e o dualismo corpo–mente se instala de novo em nós.

Gerda Alexander já havia entrevisto que a captação dessa unidade como totalidade vai além da questão intelectual e que a experiência corporal era necessária para compreendê-la, quando afirmava: "Se falamos da unidade psicofísica, a maior parte das pessoas a experimenta como uma dualidade. Ainda é 1 + 1 e não 2, (...) trata-se de experimentar com o corpo esse fenômeno simultâneo e inseparável" (in Gainza, 1985, p.132).

Tratarei agora de me referir ao espaço psíquico para tentar resgatar a outra vertente que a eutonia contempla desde seu início e que deve necessariamente acompanhar a anterior.

Para tanto, *será preciso desenvolver um pouco mais os componentes que estão relacionados com a temática da metaforização*, enunciados no início.

O ESPAÇO PSÍQUICO

Em Busca da Metáfora

> *Mas se o corpo também é espírito, se contém os rastros do consciente e do inconsciente individual e coletivo, deve poder expressar, através das riquezas infinitas de sua constituição e de seu desenvolvimento, a totalidade de cada personalidade única e, ao mesmo tempo, todo o passado da humanidade e todas as potencialidades do devir da espécie que traz em si.*
>
> (Gerda Alexander)

Pode-se apreciar nesse enunciado um olhar singular que resgata na sua globalidade a complexidade do ser humano, situando-o no contexto da sua evolução temporal e nas correntes do seu potencial de metamorfose. Fala também do pensamento abrangente de que fora capaz a visão não redutora da criadora da eutonia.

Parece apropriada esta citação de ressonâncias junguianas para esboçar este assunto que tenta nos conduzir para esse *não-lugar* que se abre para outras coordenadas e outras forças que, sem dúvida, Gerda Alexander tinha em mente quando nos apresentava em seus escritos – com responsabilidade, cuidado, clareza e respeito pelo próximo – a espessura vital da qual devia dar conta o material que pulsava em suas mãos:

> (...) o caminho que quis propor é diferente para cada um, e nesse caminho a vida está sempre presente, visto que a unidade que se busca é o resultado de várias forças cujos vetores se equilibram em cada um de nós de acordo com modalidades que também são diferentes. (1986, p.74)

Perguntemos, então, à eutonia sobre uma dessas "forças", sobre sua presença atual ou sobre o rastro que ainda permanece em nós e que reatualizamos cada vez que, em contato com as sensações, deixamos fluir e fluímos no tempo que condensa e desenrola a unidade da vida.

Dessa forma, recolher as sensações é também se aproximar de um plano interior no qual ainda podemos encontrar marcas da nossa experiência da etapa pré-verbal, lugar que já foi habitado por imagens e metáforas que povoaram a fantasia humana, antes de terem sido disciplinadas na forma de conceitos frios e cristalizados.

O COGITO CARTESIANO

Cabe ressaltar que antes que esse cenário interior caísse sob o domínio da razão, a filosofia ocidental o considerava presente, concedia-lhe um lugar e o reconhecia com o nome de alma.

Devemos também assinalar que a noção de pensamento que o próprio Descartes usou em suas reflexões filosóficas era considerada por ele como uma parte do eu pensante. Assim, nas *Meditações metafísicas*, quando o filósofo se pergunta quem é para responder para si mesmo "uma coisa que pensa", essa resposta vai fazer surgir, por sua vez, a seguinte pergunta: "O que é uma coisa que pensa?". E responde: "É uma coisa que duvida, entende, concebe, afirma, nega, quer, não quer e, também, imagina e sente" (1970a, p.101).

Outra afirmação, surpreendente para nós que privilegiamos na nossa prática o trabalho com as sensações, está nos *Princípios da filosofia*, quando Descartes se refere outra vez ao que ele entende por pensamento e repete aproximadamente o que já havia dito, mas acrescentando algo sugestivo sobre a sensação:

> Pelo termo pensamento quero dizer tudo aquilo que se produz em nós enquanto estamos conscientes, enquanto temos consciência disso. E, dessa forma, não somente entender, querer, imaginar, mas também sentir, que é aqui o mesmo que pensar. (1967, p.315)

Feita essa associação do sentir com o pensar, começa-se a perder, segundo Richard Rorty, a diferença formulada na Antigüidade por

Aristóteles, que depositava no corpo a sensação e o movimento, e na razão a compreensão dos universais:

> Desde que Descartes inventou esse "sentido preciso" do "sentir", que não era outra coisa senão o pensar, começamos a perder contato com a distinção aristotélica entre a razão-enquanto-compreensão-dos-universais e o corpo vivo que se encarrega da sensação e do movimento. (1989, p.56)

Em seguida, Richard Rorty apresenta uma distinção muito esclarecedora: "Faltava uma *nova* distinção entre mente e corpo – a que chamamos de distinção 'entre a consciência e o que não é consciência'" (ibidem).

Mostra-se, agora, algo que era antes inimaginável: a mente fica independente do corpo, e essa transformação faz surgir uma forma de conhecimento que começa a funcionar separando duas ordens diferentes, algo que se prolonga até os dias de hoje na distinção matéria–mente, corpo–cérebro, etc.

Retomemos, então, esse material tão complexo que Descartes guardava na sua noção de pensamento e observemos que aquela agitação se sustentava em nosso interior através do movimento da fantasia. Esta última foi sufocada por conceitos, que abstraíram dela todas as sensações que os nossos sentidos recolheram oportunamente. Mais tarde, elas foram silenciadas; quando fomos atravessados pela linguagem, começamos a nomear as coisas.

É Nietzsche que vai se referir ao "esquecimento" da metáfora como o lugar onde vai se erguer precisamente o edifício dos conceitos:

> Só através do esquecimento desse mundo primitivo das metáforas, só através do enrijecimento e da cristalização do que era na origem uma massa de imagens emergentes, numa onda ardente, da capacidade primordial da fantasia humana, só através da crença invencível de que *este* sol, *esta* janela, *esta* mesa é uma verdade em si; em poucas palavras: só porque o homem se esquece enquanto sujeito, e em particular enquanto sujeito da criação artística, ele pode viver com um pouco de repouso e de segurança (...). (Apud Agamben, 2001, p.252)

A aquisição de um eu fixo e permanente não poderia surgir, porém, de um estado caracterizado pela instabilidade, ou, dito de outro modo, não daria origem à autoconsciência.

A sucessão de sensações também se tornaria ameaçadora se não houvesse a intervenção de uma atividade consciente que as registrasse aos poucos, sob pena de que o caos tomasse o lugar do sujeito. Tratava-se de assegurar a continuidade empírica da pessoa, resgatando-a do embate do fluxo de imagens que a fantasia colocava em movimento.

MUNDUS IMAGINALIS

O "*mundus imaginalis*" inscreve-se em um âmbito em que prevalece uma tensão entre o material e o sutil, mas alenta a possibilidade de um conhecer que, ao se instalar acima dessa polaridade e sem renegar aquilo que se manifesta para a razão como incoerente, seja capaz, entretanto, de manter a distinção entre o corpóreo e o incorpóreo, assim como sua harmonização final.

A filosofia grega admitia uma espécie de "lugar" que não estava situado no espaço. Podemos imaginar esse "lugar" como algo que talvez não se encontre determinado pela *necessidade de existir* dentro de nossas coordenadas espaço-temporais convencionais, mas que, embora pareça contraditório, se constituia na condição que torna possível a existência do próprio espaço.

Talvez Platão fizesse referência à apreensão desse *não-lugar* paradoxal, que não requer sensações para sua percepção, quando falava de um terceiro tipo de espaço:

> Finalmente, sempre existe um terceiro tipo, o do lugar: não pode morrer e oferece um lugar a todos os objetos que nascem. Este só é perceptível graças a uma espécie de raciocínio híbrido, que não vem de forma alguma acompanhado da sensação, podendo-se apenas acreditar nele. (1969, 51c, 53a, p.1149)

Segundo Henry Corbin, há um lugar, resultante do encontro entre as esferas do material e do espiritual, que conta com suas próprias leis, mas que não é irreal, possuindo ao contrário um tipo de realidade que lhe é própria e que pode ser situada *entre* as impressões sensoriais, as quais recolhem os dados procedentes daquilo que geralmente chamamos de realidade, e os dispositivos cognitivos superiores, lugar onde o material se torna sutil e o espiritual se corporifica, a que Corbin denominou de *mundus imaginalis*:

(...) mundo intermediário no *qual* os seres imateriais adquirem seu "corpo de aparição" e onde as coisas materiais se desmaterializam em "corpo sutil", mundo intermediário que é o encontro (...) do espiritual e do físico (...). (1993, pp.271-2)

Meu objetivo será de tentar incorporar esta noção de "mundo intermediário" de que fala Corbin na prática da eutonia, com a intenção de restabelecer nele, ainda que parcialmente, o que temos relacionado com o tópico da metáfora.

Parece-me interessante colocá-lo, em primeiro lugar, no espaço que vai se criando e gerando nas aulas de eutonia através da relação estabelecida entre o coordenador e o grupo de alunos. Esse encontro pode ser de tal natureza que tenda a manter um contato que conduza, ou que permita ter acesso, a esse nível de realidade chamado de *mundus imaginalis* pelo autor citado.

Desenvolvendo esse assunto, podemos dizer que, para o *coletivo grupal*, o coordenador funciona como um intercessor situado em um *entre* – como pessoa *real*, por um lado, e, por outro, como suporte *transpessoal* que possibilita constelar elementos imateriais. Para o *coordenador*, por sua vez, o espaço que compartilha com o coletivo grupal vai incluir também sua participação no mundo imaginário que é habitado pelo grupo.

Observemos a função das instruções nas aulas de eutonia – além da mais óbvia, que é a de guiar a atenção para a região que constitui o objeto de exploração ou recolher as sensações provenientes do lugar, etc. – para estudar a possibilidade menos visível: que ela se torne um veículo através do qual se projeta o rastro do virtual.

AS INSTRUÇÕES

> *É para nos agradar que falamos.*
>
> (Alfred Tomatis)

As instruções na eutonia também poderiam ser concebidas, metaforicamente, como uma frase musical que permite, entre ela própria e a seguinte, não apenas a execução de um movimento corporal qualquer ou a focalização pela atenção de uma área por ela solicitada, mas também, e de forma muito especial, a *manifestação silenciosa do não-corporal*.

Com este último, refiro-me à criação de um corpo que chamarei de virtual e que de alguma forma vai se desenvolvendo e se tornando mais familiar na prática, através da permanente transformação desse amálgama que provém da unidade entre corpo e alma. É aqui que se pode apreciar

a intervenção do "mundo das idéias imagens" que assinalamos como mediador entre o mundo sensível e o mundo espiritual.

No decorrer das instruções, vai se constelando um plano interior no espaço entre corpo e psique, no qual, sem saber, surgem as metáforas aparentemente sepultadas sob a razão e a vontade.

A linguagem fornece uma dimensão corporal à metáfora, talvez derivada da transformação psíquica da energia corporal vivida nas primeiras fases do desenvolvimento, que na forma pré-verbal deixou a marca resultante dessas primeiras vivências e do vínculo com o corpo materno.

> A linguagem, nesse nível primitivo, é a portadora da energia corporal, transformada através do som em energia psíquica. Na essência, a metáfora consiste nessa linguagem

que age no ponto energético onde se encontram psique e soma. (Woodman, in Bly &Woodman, 2000, p.150)

A PELE AUDIOFÔNICA

As instruções podem dar lugar, na pausa respiratória, à constelação de um corpo virtual no corpo fenomênico e originando-se deste.

Se o uso da palavra deve ser salientado, mesmo quando for dirigida para proporcionar apenas a abertura de um caminho de busca que é sempre único e pessoal, devemos notar também que seu modo de se instalar no espaço da psique tem mais poder que aquele que normalmente lhe damos na eutonia.

É conveniente lembrar que, segundo Didier Anzieu, mesmo quando o bebê ainda não distingue o rosto da sua mãe dos outros rostos do entorno, ele reconhece, entretanto, a voz materna entre as outras vozes, e isso ocorre muito cedo, nas cinco semanas de vida. Esse fato viria indicar a importância da participação do material sonoro no desenvolvimento das capacidades mentais. Se assim for, não seriam o tônus e a postura, como se tem afirmado com freqüência, os elementos que estariam na base da comunicação social e da atividade mental:

> Isto torna improváveis os pontos de vista de Henri Wallon, (...) segundo os quais as diferenciações dos gestos e da mímica – ou seja, dos fatores tônicos e posturais – estariam na origem da comunicação social e da representação mental (...). É evidente que na criança se constrói *feed-back* com o entorno de forma muito mais precoce: são

> de natureza audiofônica; referem-se primeiro aos gritos e às vocalizações (...) e constituem a primeira aprendizagem de condutas semióticas. (1987, p.179)

E Anzieu conclui afirmando que "a aquisição do significado pré-lingüístico (o dos gritos, e depois o dos sons no balbucio) antecede a do significado infralingüístico (o da mímica e dos gestos)" (ibidem).

Alfred Tomatis, partindo de suas investigações sobre o tema, nos mostra, por sua vez, a peculiaridade do sujeito falante através de duas particularidades: a que diz que é ele quem primeiramente escuta sua voz e outra que revela que o ato de falar é um compromisso do corpo inteiro. Segundo o autor, não são os sons nem as palavras, tampouco as frases, o que tentamos comunicar, porém as "sensações profundamente sentidas", o registro de cada uma das impressões que o toque da palavra colocou na nossa sensibilidade.

Esse fluxo vital-sonoro, à maneira de acordes, é o que chega ao nosso interlocutor, que por sua vez não poderá evitar comprometer globalmente seu corpo para nos interpretar:

> Sabemos de uma maneira obscura e confusa que esses mesmos acordes serão transmitidos para o nosso interlocutor atento. Para nos interpretar, basta nos traduzir usando a totalidade do seu corpo. Ele adapta inconscientemente seu diapasão sensorial de expressão ao nosso, enquanto nós o mantemos em ressonância através dos nossos próprios acordes. (Tomatis, 1991, p.148)[3]

O TEMPO

A trama temporal que envolve essas circunstâncias está imersa no tecido da psique. Isto faz que nos encontremos imersos em um fluxo-tempo que desconhece tanto a cronologia quanto a homogeneidade. Portanto, somos habitados por diferentes intensidades que variam segundo a qualidade desses acontecimentos. Estes não exigem a cronologia que por direito pauta sucessivamente os fatos da história. Os acontecimentos relacionados com o tempo interior da alma se inscrevem na sua própria órbita, com seu tempo singular. São, por assim dizer, espécies de atributos que acompanham sincronicamente os deslizamentos e as metamorfoses sucessivas da psique.

> Esses acontecimentos certamente ocorrem em um tempo, mas em um tempo que lhes é próprio, um tempo psíquico descontínuo, puramente qualitativo, cujos momentos só podem ser avaliados na sua própria medida, uma medida que em cada ocasião varia por sua própria intensidade. (Corbin, 1993, p.49)

Esse fluxo ou corrente navega entre camadas ou jazidas que desprendem, a cada passo, o batimento de asas de uma espessura arrancada do Cronos ou o cenário de disfarces que retomam a busca de seus personagens favoritos.

---

[3] No original: "*Nous savons d'une manière obscure et confuse, que ces mêmes accords seront transmis à notre interlocuteur à l'écoute. Il ne peut (...) pour nous interpréter, qu'user de son corps en totalité pour nous traduire. Il fait inconsciemment marcher son clavier sensoriel d'expression, à l'image du nôtre, tandis que nous le tenons en résonance par nos propres accords.*"

4

METAMORFOSE NAS DOBRAS DO ESPAÇO-TEMPO

REFLEXÕES SOBRE O CONCEITO DE ESPAÇO INTERNO CONSCIENTE E O MOVIMENTO NA EUTONIA

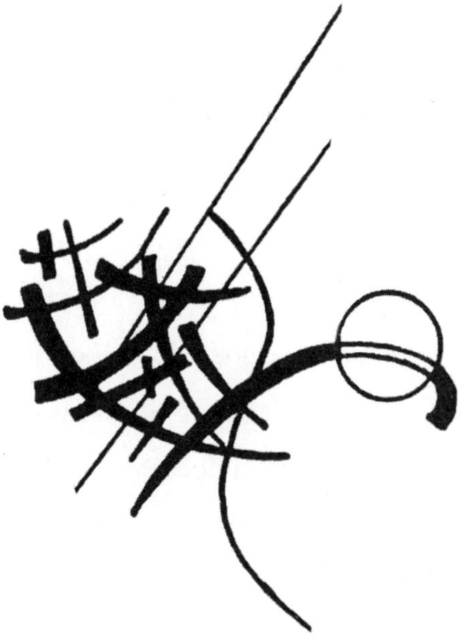

DO CAOS À ORDEM

Espaço Interno Consciente

O *espaço interno consciente* é um dispositivo essencial entre as ferramentas com as quais a eutonia conta para realizar sua função terapêutica, necessário por sua peculiaridade e utilidade funcional na regulação do tônus. O uso que normalmente se faz desse *espaço interno consciente* não só é imprescindível na prática, como sua presença também nutre e torna possível a riqueza dessa mesma prática.

Devemos ressaltar que esse recurso se encontra na base e torna possível o aparecimento de um outro instrumento extremamente importante em nossa disciplina, chamado de *contato consciente*, através do qual se desenvolve toda a gama de possibilidades terapêuticas que fazem da eutonia uma das mais sofisticadas práticas corporais conhecidas.

O *espaço interno consciente*, ao que recorremos com tanta freqüência nas aulas, requer tipos diferentes de abordagens. Podemos citar, entre outros, diversos inventários apoiados na percepção da distância estabelecida entre várias partes do corpo, a focalização minuciosa da atenção que explora algumas regiões do espaço interno das articulações, ou a investigação em cavidades privilegiadas que mantêm contato com o mundo e as pessoas, como a boca.

Gerda Alexander, ao se referir a esse espaço, relaciona-o com as três dimensões do corpo e o descreve da seguinte maneira:

> Começamos sentindo a distância de um lado para outro do corpo, tentando perceber o que está dentro.

> Trata-se de adquirir consciência das três dimensões do corpo, "através" do próprio corpo. De um limite da pele até o outro em distintos setores: no tórax, nas pernas, etc. (In Gainza, 1985, p.116)

Essa descrição é significativa, pois revela sua inscrição no conceito clássico de espaço tridimensional de caráter absoluto e de origem euclidiana. Essa concepção foi dominante no pensamento científico até o século passado, quando, ao ser colocada em questão por Einstein na sua teoria da relatividade, as coordenadas espaço-temporais ganharam uma nova formulação, adquirindo conseqüentemente uma dimensão diferente.

Outras Descrições

Antes de avançar em minha proposta, gostaria de considerar um outro aspecto sobre este objeto de estudo, neste caso pertencente a Denise Digelman, pois, embora seja basicamente semelhante e siga os passos da anterior, oferece uma descrição mais detalhada. Isso implica, a meu ver, uma diferença consistente na precisão com que ela enumera, de forma sucessiva, os vários componentes que esse espaço contém:

> (...) pediremos ao indivíduo que tome consciência dos detalhes nesse espaço interno, em especial que localize os ossos, sua forma exata, as articulações que os unem. A tomada de consciência dos órgãos faz parte do inventário do espaço interno. (1971, p.3)

Observa-se que aqui o espaço também é concebido como o lugar que, através da enumeração sucessiva, nos permite ter discernimento sobre a identidade do diferente, bem como nos mostra a diferença no semelhante.

Resumindo, há uma idéia de ordem que se manifesta por meio da operação que o pensamento realiza, discriminando a diferença da semelhança, como se buscasse afastar o perigo do caos que começa a surgir cada vez que várias possibilidades são permitidas.

Um outro antecedente interessante sobre esse tema é um texto mais próximo. Trata-se de um escrito de nossa colega Susana Kesselman, que nos apresenta uma aproximação do *espaço interno consciente* com uma complexidade raramente atingida por outras descrições.

Nesse mesmo trabalho, depois de se referir à exploração desse espaço como tarefa inesgotável, Kesselman enumera os fatores que contribuem para o enriquecimento dessa busca, ressaltando que:

> Os conhecimentos sobre o corpo humano, sobre sua anatomia, sobre sua neurologia, sobre seu psiquismo; o tempo-espaço para a vivência; a memória que desperta; a exploração da tridimensionalidade; a percepção das ordens que vão se construindo são parte do processo de ampliação dessa consciência. (1993, p.10)

Embora esta aproximação mantenha a tridimensionalidade corporal, sua importância consiste no fato de já incorporar o *tempo*, ausente nas descrições anteriores. E o faz de duas formas: na primeira, vinculando-o ao espaço; na segunda, associando-o à memória.

Embora nesta apresentação o tempo ainda esteja espacializado, já enuncia a mudança de paradigma proveniente das idéias de Einstein.

Perspectiva Microcorpuscular

No trecho a seguir, vou deixar de lado provisoriamente essa concepção de espaço interno que pressupõe como inerente uma terceira dimensão, desta vez relacionada com o volume do corpo, para tentar introduzir uma noção diferente. Para tanto, tentarei viabilizar uma outra região do espaço interno em uma ordem que não vai se referir ao macroscópico, mas sim ao *microscópico.*

Minha idéia consistirá, portanto, em sair provisoriamente do campo macrocorpuscular para poder entrar brevemente no *microcorpuscular* e me aproximar de uma outra alternativa que não está compreendida no conceito clássico de espaço e que vai tentar incorporar o *espaço-tempo quadridimensional* contínuo.

A tese que guia este escrito é a de que a incorporação desta última coordenada tende a nos proporcionar uma outra vivência, desde a qual podemos registrar tipos de sensações que abram o nosso campo da experiência a uma percepção diferente, capaz de nos possibilitar atravessar outros planos mais interiores de nossa sensibilidade, não contemplados na abordagem macrocorpuscular.

Para tanto, fez-se necessário rever a noção de *espaço interno consciente* criada na linguagem da eutonia – que conforme vimos apresenta resíduos da concepção clássica do espaço –, bem como fazer referência ao tempo, deixado de lado nas primeiras exposições e incorporado na última.

Tentei abordar tudo isso brevemente, através das citações anteriores, talvez com a certeza de saber que é a presença mais ou menos consciente dessa suposição que, de alguma forma, preside a utilização do *espaço interno consciente* na nossa disciplina.

Enfim, tive como objetivo tornar possível uma nova (ou adicional, se assim preferirmos) instrumentação desse dispositivo – um dos mais originais com que a eutonia conta – para que nos mostre uma de suas outras facetas, a que podemos situar no âmbito do que hoje conhecemos como pensamento complexo e no âmbito do que chamamos de *micromolecular*.

DA ORDEM AO CAOS

Decomposição do Espaço Euclidiano

A possibilidade de esclarecer essa nova abordagem requer, antes de tudo, explicar os pontos que distanciam esta noção daquela criada anteriormente, para em seguida assinalar as peculiaridades deste enfoque.

Neste sentido, a questão central deste novo olhar que proponho coloca este tema numa concepção *não-euclidiana* do espaço.

Como vimos, então, o cenário da visão clássica consiste especialmente na tridimensionalidade do *espaço*, no seu caráter absoluto e na sua independência dos elementos materiais que nele se encontram. Também dizemos que as leis da geometria euclidiana dão forma a esse universo. Ademais, o *tempo* nesta visão constitui uma dimensão separada e independente do espaço, e também tem caráter absoluto.

A visão do espaço interior dentro desse paradigma opera de modo análogo à teoria clássica, considerando-o como o lugar que se encontra dentro daquele que envolve o corpo globalmente e no qual podemos, por exemplo, instalar o esqueleto e os órgãos. Resumindo, *trata-se de um lugar visto essencialmente como espaço de contenção.*

Para a instrumentação micromolecular, deixarei de lado o conceito convencional de espaço, que implica a idéia de uma espécie de receptáculo dentro do qual dispomos e arrumamos os objetos que nos rodeiam.

A esse respeito, Ilya Prigogine mostra a diferença entre a teoria clássica e a de novo cunho, nos seguintes termos: "contrariamente à teoria newtoniana clássica, a teoria de Einstein não situa a matéria no centro de um espaço-receptáculo indiferente, mas descreve uma relação mútua entre a matéria e as propriedades métricas do espaço-tempo que a engloba" (1991, p.166).

Também vou substituir a noção clássica de um tempo absoluto por outra segundo a qual cada pessoa incide nos acontecimentos com seu próprio tempo individual e irreversível. É o que hoje conhecemos como a *flecha do tempo.*

A noção que proponho vai surgir, então, quando nos distanciarmos do espaço perceptivo que nos é familiar, a que me referi como geométrico-euclidiano, para nos aproximarmos dele segundo uma outra ótica.

Essa visão incorpora o *contínuo quadridimensional*, concebido na teoria da relatividade geral com uma formulação que difere da proposta anteriormente por Einstein na teoria da relatividade especial.

A esse propósito, Stephen Hawking, considerando o espaço e o tempo como um enquadramento que dá estabilidade aos fenômenos, mantendo-os à margem dos acontecimentos, nos esclarece na *História do tempo* que:

> Antes de 1915, pensava-se no espaço e no tempo como se se tratasse de um marco fixo no qual os acontecimentos ocorriam, mas que não era afetado pelo que nele acontecia. Isto era certo mesmo na teoria da relatividade especial. Os corpos se mexiam, as forças atraíam e repeliam, mas o tempo e o espaço simplesmente continuavam, sem serem afetados por nada. Era natural pensar que o espaço e o tempo haviam existido desde sempre. (1993, p.57)

Mais adiante, referindo-se à mudança de posição do espaço e do tempo na teoria da relatividade geral, Hawking afirma que "O espaço e o tempo não somente afetam, como também são afetados por tudo aquilo que acontece no universo" (ibidem, p.58).

OS NOVOS COMPONENTES

Devir ou Criação do Espaço-Tempo

Começarei enunciando as características constitutivas dessa nova abordagem, que de algum modo já estão presentes ou correm paralelamente à imersão na experiência do *espaço interno consciente* convencional.

A diferença reside, talvez, numa bifurcação do tempo e em seguir por um caminho diverso do usual, em que o fluxo das sensações desterritorializadas de seus referentes anatômicos segue um outro caminho que as expõe como manifestações reterritorializadas em outro corpo, que podemos chamar de sutil ou virtual.

Esse espaço vai se inscrever principalmente na *dimensão consciente* da nossa prática – intensificando-a e ampliando seu espectro –, *entre* a sensação e a consciência que temos dela.

Dessa forma, numa primeira fase nos aproximamos da sensação, para nos distanciarmos dela na fase seguinte, tornando-a consciente. Dito de outra maneira, visto que coletamos os dados sensoriais da região do corpo que nos ocupa, o passo mais importante será o de tomar consciência do que estamos sentindo, distanciando-nos assim da sensação.

Gerda Alexander, ao se referir ao desenvolvimento da sensibilidade superficial e profunda no campo da eutonia, afirmava que: "Para chegar ao desenvolvimento dessa sensibilidade, é necessário ter uma capacidade de observação profunda, uma *presença* graças à qual se desenvolve a aptidão de *ser objeto da própria observação* (...)" (1986, p.24).

Assim, o que constituía o sujeito da experiência, num primeiro momento, irá se tornar agora objeto de observação do estado seguinte.

Veremos, então, que o espaço a que estou me referindo, embora esteja ocupado pelo esqueleto, pelos órgãos, tecidos, etc., também se encontra temporalizado pela atividade mental que aí transcorre, distinguindo uma coisa da outra conforme a região do corpo que, nesse momento, é objeto da prática.

Nesse espaço, conseqüentemente, *inscreve-se o fluxo mental da atividade consciente*, que percorre ou tenta percorrer o "espaço interno" do corpo. Desse modo, *o espaço parece estar fazendo parte do mesmo desenvolvimento da consciência através da atenção*, que como um *spot* pára sobre cada objeto que a instrução vai solicitando.

Assim, numa aproximação heurística, poderíamos propor que, para que exista a possibilidade de entrarmos conscientemente no espaço interno do corpo, devemos contar com o espaço interior de outro cenário, aquele no qual se desenvolve a atividade consciente, em que um "observador" vai recolhendo as sensações corporais assim como as perceptivas.

Neste ponto, cabe perguntar como experimentamos esse espaço. Poderíamos dizer que não o sentimos, entretanto nós o tocamos. Como? Não com as mãos precisamente, mas através do que chamarei de um *devir-tato* da visão.

Estamos aqui no território do molecular ou microcorpuscular, onde, de modo singular, são as pequenas sensações que permitem que as especializações de um sentido possam se transpor a outro. Dessa forma, também a proximidade resultante da substituição da visão pelo *devir-tato* age, por sua vez, neutralizando a distância que seria colocada pelo sentido da visão.

Em relação à coordenada tempo-espaço, ligada à sensibilidade, manifesta-se como um tecido peculiar no qual o espaço se torna tempo, assim como o tempo se torna espaço.

Isto vai colocar em questão também o que chamamos de objetivo, em oposição ao subjetivo. Aqui, neste espaço interior, a experiência oscila entre o tempo subjetivo e o espaço objetivo.

Entra em crise, portanto, a oposição interno–externo, pois as sensações vão se distinguindo e acontecendo em outro lugar, como resultado do cruzamento do espaço interior com o espaço exterior.

Movimento Eutônico

Pode-se dizer que a eutonia enfoca o movimento dentro das coordenadas espaciais clássicas, que orientam o deslocamento do corpo num espaço concebido de forma geométrica e situam o indivíduo com seu espaço pessoal (*kinesfera*) como centro do mesmo.

Por uma outra ótica, porém, que leve em conta as transformações e a ruptura com o passado exigidas pela nova concepção das formas estéticas, e que busque resgatar o potencial ainda oculto na eutonia, é também possível encontrar certos elementos que a aproximam da concepção que fez surgir algumas das correntes da vanguarda recente na dança.

Refiro-me às correntes que se destacam por enfatizar principalmente a desestruturação das formas espaço-temporais e do enquadramento visual, mediante encenação do volume de corpos se recortando no chão, desterritorializando-os da primazia da cabeça e do rosto para os reterritorializar em composições de formas mutantes provindas da conjunção de dois ou mais corpos.

Essas montagens – às vezes inquietantes pela decomposição do familiar e pela *desrostificação* – destacam aspectos do corpo que haviam sido deixados de lado e substituem seu movimento no espaço pela *expressão das metamorfoses do próprio corpo*.

Na prática eutônica, por sua vez, os movimentos se realizam com o *prolongamento das direções dos ossos*, o que contribui para a descentralização da simetria corporal, sobretudo quando o ponto de partida leva à realização de movimentos completamente fora dos padrões e distantes das formas convencionais, como são aqueles que se originam dos ísquios, dos ramos isquiopubianos ou do ocipital. Isso só para citar alguns deles particularmente atrativos, em que o ideal de beleza clássico entra em crise.

Ademais, *a observação consciente a se deslocar constantemente de uma região para outra do corpo*, a fim de tentar sustentar num plano de atenção ampliada tanto a presença da pele quanto a direção dos ossos, do contato consciente (que requer a observação do espaço interno consciente), assim como a utilização do transporte consciente, a relação com o espaço circundante, etc., *torna lento o fluxo do movimento, distendendo o tempo.*

Enfim, se a intenção contínua de manter conscientemente a copresença de todos esses componentes durante a execução do movimento fosse levada a se aprofundar ainda mais em outros planos interiores, através da busca da decomposição de cada pequeno movimento, a coordenada espaço-temporal – agora *não-euclidiana* – viria saturar de espaço a espessura do tempo e poderia constituir o início de uma busca da expressão mais próxima da que ocorre hoje em dia.

Resumindo, há aspectos da eutonia que já parecem apresentar, em forma de esboço, os elementos da expressão de vanguarda. E isso volta sempre que *a pesquisa da flexibilidade do tônus silencia o movimento para intensificar a nossa consciência acerca das sensações e nos fazer assistir a cena do nosso corpo em constante mudança*. É como a fita de Moebius, que com uma cara olha para nós enquanto a outra desliza incessantemente no território do não-visível.

5
UMA INTERFACE ENTRE CORPO E MENTE: A IMAGINAÇÃO

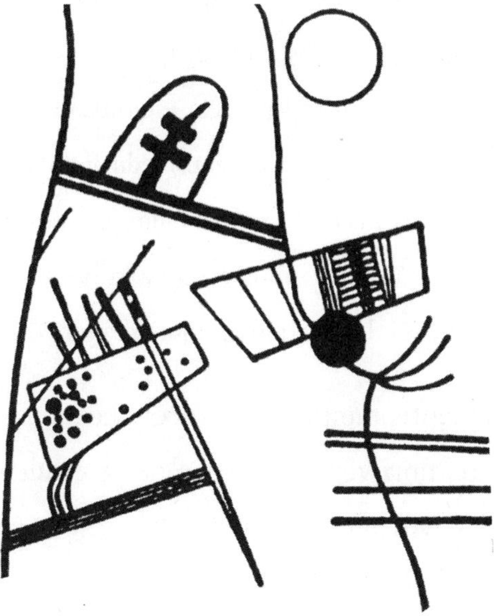

> *Observo também que essa virtude de imaginar existente em mim, que difere da capacidade de conceber, não é de forma alguma necessária para a minha natureza ou essência, ou seja, a essência do meu espírito, pois, mesmo se não a tivesse, (...) eu continuaria a ser o mesmo que sou agora (...).*
>
> (*Descartes,* Meditações metafísicas)

A doutrina cartesiana, com sua visão mecanicista do mundo, tem sido em boa parte responsável por se ter relegado e menosprezado o corpo como fonte de erros. E sua busca de um pensamento não contaminado pela imaginação retirou-lhe todo o valor cognoscitivo, de tal modo que, juntamente com a sensibilidade, este começou a fazer parte da passividade corporal.

Segundo palavras de Sartre,

> A principal preocupação de Descartes em relação a uma tradição escolástica que concebia as espécies como entidades meio-materiais, meio-espirituais é separar, com exatidão, mecanismo e pensamento, reduzindo totalmente o temporal ao mecânico. A imagem é uma coisa corporal, é o resultado da ação dos corpos externos sobre o nosso próprio corpo através dos sentidos e dos nervos. (1970, p.13)

Conseqüentemente, tampouco se reconhecerá para a imaginação o estatuto consciente, uma vez que dentro desse esquema está descartada toda relação possível entre a matéria e a consciência.

A IMAGINAÇÃO NA EUTONIA

> *Tenho agora uma visão quádrupla,*
> *Sim, foi-me dada uma "visão" quádrupla.*
> *É quádrupla nos meus momentos de supremo deleite*

E tripla na noite suave de Beulah
E dupla Sempre.
Deus nos proteja
De uma visão única e do dormitar de Newton!

(William Blake)

A eutonia encontra-se entre as primeiras práticas corporais que revalorizaram o corpo e as sensações através de atividades vinculadas à arte, à terapia, à educação e à pesquisa, que Gerda Alexander já desenvolvera por volta da terceira década do século passado. Entretanto, essa atitude vanguardista não se estende ao uso da imaginação, que fica silenciada na prática, pelo menos de forma explícita. Esse fato não deixa de ser paradoxal se levarmos em conta a vinculação que a criadora da eutonia manteve com expressões artísticas como a dança, a música, ou com atores da escola de Stanislavski, para quem o uso da imaginação constituía precisamente o núcleo do trabalho expressivo. E são poucas as oportunidades em que seus escritos se referem à imaginação.

É provável que, entre seus motivos, estejam suas observações relativas à sugestão, usual em outras técnicas, que a utilizavam através de imagens; e ainda seu respeito pela pessoa, que Gerda queria ver livre de toda indicação que pudesse condicionar ou limitar a liberdade de sentir e experimentar sem diretivas as próprias sensações.

Um outro motivo pode se basear em um elemento-chave de seu referencial pedagógico: sua exigência e insistência para que o aluno estivesse presente no ato de sentir. Sentir e observar o que se sente estão permanentemente entrelaçados na experiência do trabalho eutônico: "Para mudar a visão de si mesmo, dos outros e das coisas, é necessário encontrar novamente a capacidade de poder sentir o próprio corpo, observar e manter a consciência do movimento de forma simultânea" (Alexander, 1986, p.68).

A oposição entre *corpo sentido* e *corpo sabido* atravessa toda a nossa prática. O saber não pode substituir a consciência do corpo, a qual se obtém unicamente através da vivência. Gerda Alexander temia que a intelectualização do corpo tomasse conta do campo reservado às sensações, substituindo a sensação consciente e levando o indivíduo para fora da realidade da experiência. É nesse contexto que a autora menciona a imaginação, associando-a à abstração:

> Minha ampla experiência mostrou-me que uma formação demasiadamente abstrata, que dá a algumas pessoas uma incontestável vivacidade no plano das reações intelectuais, oferece-lhes também uma tendência muito particular de imaginar, representar, em vez de sentir realmente, como se conhecessem o resultado do que vai acontecer antes de ter "escutado". (Ibidem, p.68)

Nesse texto, imaginação e sensação são excludentes.

Diferencia-se o ponto de vista de Jung, que na sua psicologia analítica concedeu um lugar importante para a imaginação ativa e que, ao se referir ao conceito de *atividade imaginativa*, afirmou:

> A imaginação é a atividade reprodutiva ou criativa do espírito em geral, sem que seja uma faculdade especial, já que pode se desenvolver em todas as formas básicas do acontecer psíquico, no pensamento, no sentimento, na *sensação* e na intuição. (2000, p.516)

Provisoriamente, podemos dizer que, por motivos quase opostos aos do paradigma cartesiano – que domina todo o panorama filosófico e que não admite a imaginação porque a considera vinculada ao corpo –, Gerda Alexander parece afastá-la, porque a vê ligada à mente. Entretanto, em um texto posterior – *Conversações com Gerda Alexander* (Gainza, 1985) –, vemos o uso do termo em outro contexto. Vou me referir a ele mais adiante.

Considerarei agora brevemente outras contribuições que tendem a determinar o lugar da imaginação e a legitimidade de sua utilização.

RESGATE DA IMPORTÂNCIA DA FUNÇÃO IMAGINANTE

O Ponto de Vista Fenomenológico

Abordarei a função da imaginação do ponto de vista fenomenológico, ou seja, como uma das formas da intencionalidade da consciência.

Trata-se aqui de uma função consciente que não se dirige à própria imagem, mas a um objeto que nela se encontra. A imagem age como um meio, e nesse sentido é uma relação. Possui, porém, e está investida do caráter de realidade que atribuímos a qualquer outro existente. Por exemplo, no caso da execução com o corpo de um movimento real e de outro movimento realizado somente com a atividade da imaginação, é o mesmo corpo que o executa, mas em vários níveis de existência.

O objeto para o qual a função imaginante se dirige é aquele que Sartre denominou de irreal. Nesse sentido, cada consciência no ato de imaginar propõe uma tese de irrealidade, ou melhor, de aniquilamento ou superação do real.

Objetos da Imaginação/Objetos da Percepção

Os objetos que fazem parte da imagem não são da mesma natureza que aqueles que se encontram ao nosso redor. Para imaginar, é necessário fazer abstração de tudo que nos rodeia.

Nesse sentido, eles diferem consideravelmente da situação do objeto da percepção. Este tende a se projetar mais além da consciência – em geral, há uma tendência de completar elementos que não estão presentes em nosso campo perceptivo, como também de construí-los –, tratando-se, sobretudo, de um constructo. A percepção também pode nos levar a fornecer dados não isentos de falsidade, ou então enganosos, o que não ocorre com a imagem.

As imagens, por sua vez, não parecem proporcionar nenhuma informação nova. Em geral, os objetos da imagem estão investidos do que já sabemos deles. Se desejo imaginar uma figura não existente, como a de um centauro, tenho que recorrer à combinação de outras representações conhecidas.

Rollo May, por seu turno, considerou a imaginação como a sede da intencionalidade, e esta como um tipo de nexo – embora ausente – entre a mente e o corpo, como uma atenção imaginativa que sustenta intenções e informa ações.

Na intencionalidade participam a vontade e o cognitivo, constituindo uma dimensão que inclui o consciente e o inconsciente. A fantasia, vista no seu sentido original de tornar visível, constitui uma de suas linguagens.

O estatuto de sede da intencionalidade dado à imaginação a revaloriza e justifica uma revisão da função que ela poderia ter no âmbito de nossa prática, uma vez que Gerda Alexander já considerou a intenção como um recurso muito valioso, introduzindo-o na prática.

Vejamos agora o que ela nos diz a propósito da intenção ligada à imaginação, ao responder a uma pergunta referente ao descobrimento do sistema gama ou fusimotor e à sua forma especial de inervação sensitiva e motora sobre o fuso muscular: "Existe um par de nervos por cada fuso muscular: um deles, o sensitivo, transmite impulsos ao hipotálamo, e o outro, o motor, os recebe do hipotálamo. Este último é mobilizado pela imaginação". E diz ainda: "Quando a pessoa projeta ou decide fazer algo (intenção), o tônus e a circulação mudam e se adaptam à ação prevista. Isto é conhecido pelo nome de inervação antecipada" (Alexander, *in* Gainza, 1985, pp.37-8).

Dito de outra maneira, ela mesma, talvez sem saber, estava prevendo o uso da imaginação dentro da eutonia para além de sua utilização como *intenção*.

Além disso, nos caberia perguntar até que ponto em outros dispositivos de uso comum na eutonia – como, por exemplo, a modalidade de *contato com prolongamento da direção dos ossos*, nos *deslizamentos* e *micromovimentos* – não está implicado o uso da imaginação.

Devemos acrescentar que, de modo semelhante à atenção, a imaginação está ligada à formação bulborreticular, e é conhecida a importância que a eutonia dá a esse sistema na regulação do tônus, precisamente um dos pilares do seu trabalho. Vejamos, na epígrafe seguinte, a importância que António Damásio atribui a essa mesma região, o que confirma a poderosa intuição de Gerda Alexander.

ESTUDOS SOBRE O CÉREBRO

(...) a atividade dos circuitos nos setores cerebrais modernos e movidos pela experiência (o neocórtex, por exemplo) é indispensável para produzir um tipo particular de representações neurais em que se baseiam a mente (imagens) e as ações conscientes. Mas o neocórtex não pode gerar imagens se o antiquado subterrâneo do cérebro (hipotálamo, talo cerebral) não estiver intacto e não cooperar.

(Damásio, *O erro de Descartes*)

Pesquisas recentes no campo da neurobiologia descobriram a importância fundamental de um tipo de corrente de imagens subjacente a todas as modalidades sensoriais e mesmo ao ato de pensar. Assim, Damásio esclarece:

> Com o termo imagens, indico padrões mentais dotados de uma estrutura construída com os indicadores das modalidades sensoriais: visuais, auditivas, olfativas, gustativas e somatossensoriais. A modalidade somatossensorial (...) inclui formas plurais de sensação tátil, muscular, dolorosa, visceral e vestibular. (1996, p.346)

No desenvolvimento de suas hipóteses, que tendem a demonstrar a possibilidade de uma base neurobiológica da consciência, Damásio confere à imaginação um papel importante nos seres conscientes, porque podem encontrar uma relação de vinculação entre a imaginação e a regulação automática (homeostase). Segundo Damásio, as imagens de várias modalidades podem dar lugar a novas imagens de situações por vir:

> O mundo das criações imaginárias – o da planificação, da formulação de cenários e previsão de resultados – conecta-se com o mundo do *protoself*. Concluindo: a sensação do *self* vincula prognósticos e automatismo preexistente. (2000, p.330)

Ao contrário, a ausência do aspecto mental do *self* colocaria em risco a regulação da vida do sujeito em um meio complexo; em outros termos, colocaria em risco sua existência: "O nível imagético do '*self* no ato de conhecer' é vantajoso para o organismo, pois orienta todo o mecanismo de conduta e cognição para a autopreservação (...)" (ibidem, p.331)

Por um lado, é interessante observar a importância dada hoje a esta função tão desacreditada até épocas muito recentes. Por outro, parece que as teorias de Descartes retornam de outra forma. Refiro-me à busca de uma fundamentação neural da consciência. Creio que é isto que o filósofo quis demonstrar naquela época.

Em relação ao pensamento e à objeção de que este também conta com as palavras e com o uso de símbolos que não precisam da participação de imagens, diz Damásio que:

> (...) tanto as palavras quanto os símbolos arbitrários se baseiam em representações topograficamente organizadas, passíveis de serem convertidas em imagens. A maioria das palavras que usamos em nosso discurso interno antes de falarmos ou escrevermos existe em nossa consciência na forma de imagens auditivas ou visuais. (1996, pp.127-8)

Hemisfério Direito/Hemisfério Esquerdo: A Busca da Unidade

A consciência tende a enfocar partes, enquanto noções como o sagrado e o belo tendem a buscar algo mais amplo, o todo.

(Gregory Bateson)

As pesquisas sobre o cérebro, especialmente as que constam na publicação do estudo de Peinfeld e Perot sobre o registro cerebral da experiência visual e auditiva, nos permitem especular sobre as regiões do cérebro mais propensas a pensar com imagens relacionadas a símbolos ou constelações simbólicas, que poderiam se diferenciar daquelas vinculadas ao hemisfério esquerdo, mais relacionadas ao pensamento verbal.

Dessa forma, no hemisfério cerebral esquerdo temos o que Bateson chama de um tipo de pensamento *em prosa*, enquanto o direito é a sede da mente que sonha e que podemos aproximar do processo primário. Referindo-se ao sagrado, o autor afirma que ele não faz sentido para o lado esquerdo do cérebro, de modo que esse material deve ser escondido da outra parte:

> Visto que existe essa tela parcial entre as duas partes, (...) visto que existe essa barreira, é todavia possível utilizar um lado para brincar com as emoções das pessoas, para influenciá-las com fins políticos, comerciais ou de algum outro tipo. (Bateson, 1993, p.340)

Temos, enfim, uma possível distinção entre visual e verbal e a possibilidade de percorrer um caminho que relacione esses dois modos, conduzindo-nos à unidade através da aproximação do sagrado ou do estético para tentar conter o perigo de manipulação que se exerce sobre o sujeito humano.

As Tradições Espirituais

O simbolismo das tradições espirituais costuma se referir a um universo intermediário, que se situa entre a experiência sensível do mundo terreno e a certeza intelectual dos primeiros princípios metafísicos. Esse universo, dentro da visão trinitária do microcosmo medieval, corresponde à alma, intermediária entre o corpo e o espírito. Esse espaço é habitado por lendas, mitos, heróis e deuses mitológicos.

O misticismo sufi se refere a esse lugar como *mundus imaginalis* e o considera do ponto de vista ontológico, tão real quanto o mundo empírico que os nossos sentidos registram ou o mundo abstrato do intelecto. Atribui mesmo a este um espaço, embora se trate de uma espacialidade diferente daquela existente no mundo físico. O tempo que corresponde a essa região encontra-se entre a eternidade e a facticidade. Refiro-me ao tempo cíclico.

O termo *imaginal* que Henry Corbin utilizou não é casual; ele tem a intenção de distinguir a imaginação do puramente imaginário, valorizando-a como instrumento de conhecimento. Referindo-se a esse tema, James Hillman afirma que: "Corbin via na imaginação uma função *produtiva*, e não somente a função estritamente *reprodutiva*, a que havia sido confinada pela filosofia dominante no Ocidente desde Platão até os nossos dias" (1999, p.59).

Em tudo que estamos expondo, é evidente a finalidade de reivindicar para a imaginação uma função cognitiva e produtiva, assim como relacional entre as abordagens visual e verbal.

Esse caminho pode nos levar a ver a imaginação de uma outra perspectiva, mais próxima dos aspectos da psique, como consciente e inconsciente, tópico já presente na definição de intenção que fomos buscar em Rollo May.

Na psicologia de Jung, a imaginação ativa ocorre em um nível que não é consciente nem inconsciente; ela está, porém, em um ponto de confluência onde ambos produzem uma experiência que combina seus elementos. Após fazer a diferença entre fantasia passiva e imaginação ativa, Jung afirmou que, nesta última,

> (...) a personalidade consciente e a (...) inconsciente do sujeito confluem em um produto que é comum a ambas e que as consolida. Uma fantasia conformada dessa maneira pode ser a expressão suprema de uma individualidade. (2000, p.511)

IMAGINAÇÃO/VISUALIZAÇÃO

Visualizar é ter uma imagem diante de nós como se fosse a projeção de um filme. Somos os espectadores dos objetos que as imagens sustentam.

Imaginar supõe a participação ativa do sujeito imaginante, que está no meio de objetos ou pessoas da cena que imagina e age liderando a situação. Nunca é passivo em relação ao contexto.

Jung, cuja técnica de imaginação ativa tem como característica fundamental a participação consciente na experiência imaginativa, distinguiu claramente a fantasia passiva da *atividade imaginativa*.

A imaginação ativa não é uma técnica de visualização na qual se imagina algo com um objetivo na mente. Não há um *script*. Esta discriminação é importante em nossa abordagem, já que, efetivamente, em alguns casos, as disciplinas da imaginação acabam disciplinando as imagens.

Além disso, adotando a atitude da arte, que não pergunta às imagens sobre seu significado, protegemos o processo dos riscos da interpretação, pois "Pecamos contra a imaginação a cada vez que perguntamos a uma imagem sobre seu significado, exigindo que as imagens sejam traduzidas em conceitos", afirma Hillman (1999, p.120).

Imaginação e Corpo

Meu Deus, meu Deus, a quem assisto? Quantos sou?
Quem é eu?
O que é este intervalo que há entre mim e mim?
(Fernando Pessoa)

A distinção *verbal/visual* que surge ao tratarmos o tema dos dois hemisférios, assim como entre *produtiva/reprodutiva*, pode ser utilizada como um guia para tentar mostrar uma inserção possível da imaginação em nossa prática eutônica, concebida agora como uma *interface entre a mente e o corpo*.

O que trataremos a seguir é uma tentativa modesta de sugerir uma das múltiplas utilizações de um dispositivo que ainda apresenta muitas dúvidas para um eutonista. Ele será visto relacionado com o que chamo de um paradigma estético e pretende ampliar a noção de saúde, dando lugar também a elementos da nossa tradição cultural que poderiam ser levados em conta numa visão mais global. Trata-se apenas do meu ponto de vista sobre um assunto muito complexo, que exigiria a participação de outros colegas e o concurso de todas as disciplinas que poderiam nos ajudar a compreendê-lo.

Podemos nos perguntar se é possível usar a imaginação no terreno do corpo, além de imaginar a repetição de um movimento depois de sua execução real e explorar também outras possibilidades que nos façam imaginar com o corpo, ou seja, dar lugar ao aspecto produtivo.

O primeiro é suficientemente conhecido no método Feldenkrais e poderia ser enquadrado na atividade da imaginação que chamamos de reprodutiva. Entretanto, esta atividade poderia conter a presença de algo novo, se enfatizarmos a atenção e a recuperação de sensações. Por exemplo, se depois de fazer movimentos com a perna direita nós os repetirmos, desta vez, imaginando-os, o uso da atenção pode ser ampliado, preocupando-nos com a recuperação de todas as sensações já experimentadas com o movimento real e buscando focalizar ao mesmo tempo a execução da seqüência imaginada. Ela pode se tornar agora mais precisa e ajustada, pois silenciar o movimento corporal libera a atenção, que começa a agir segundo um arco maior para englobar simultaneamente vários planos sensório-perceptivos. Além disso, isto ajudaria a liberar eventuais restrições que pudessem dificultar o movimento.

Esse uso combinado da imaginação e da atenção ampliada tende a substituir os modelos habituais com os quais nos concentramos na atividade e a desenvolver e experimentar vários planos numa dimensão ainda não explorada. Ademais, tanto a imaginação quanto a atenção ativam o hipotálamo e a região do talo cerebral conhecida como formação bulborreticular, desencadeando modificações do tônus e da circulação.

A outra possibilidade tende a uma busca mais complexa que pode requerer uma grande exercitação da fase anterior para torná-la mais viável. Pode-se suspender nela a referência ao corpo real para efetuar a prática em outro corpo, que chamarei de virtual por não contar com outro nome mais apropriado (a repercussão imediata no primeiro não escapará de uma atenção mais ou menos treinada da auto-observação). Nas tradições espirituais, ele é conhecido às vezes pelo nome de duplo, outras de corpo etéreo, e outras práticas o chamam de imagem corporal.

Podemos imaginar esse corpo em diferentes posturas ou movimentos que a imaginação vai produzindo aos poucos. Uma simples instrução, como "deixar agir o corpo virtual", neutraliza o uso da sugestão e tende a liberar a criatividade do aluno através do desenvolvimento da imaginação que se achava contida (ou dobrada).

Em relação a esse desenvolvimento, também retomarei o tema do mundo imaginal, mencionado a propósito da tradição espiritual, a fim de indagar sobre a possibilidade de se ter acesso a esse *mundo intermediário* para explorar outras camadas da subjetividade.

Em nossa tradição cultural, contamos com uma extraordinária galeria de deidades, heróis e heroínas – que habitam os mitos, as lendas e que têm um lugar privilegiado na tragédia grega – através dos quais se pode percorrer e visitar essa região ou camada da psique. Esta pode ser uma oportunidade singular de testarmos a nossa flexibilidade de tônus, incorporando a modulação do tônus emocional através dos devires de alguns desses personagens ou entidades, que podem nos fazer atualizar um potencial desconhecido da nossa subjetividade à espera de uma oportunidade que lhe permita se manifestar.

As repercussões dessa experimentação serão sentidas certamente no núcleo da prática eutônica, a saber, o tônus e o desenvolvimento da imagem do corpo.

Essas transformações podem ser experimentadas no corpo real ou no corpo *virtual* para percorrer também outras formas de vida, como metamorfoses animais, por exemplo, explorando um território que se encontra entre o homem e estes últimos, com diferentes objetivos, como extrair dali um potencial energético ou um certo tônus, através do animal que a pessoa escolhe livremente para esse propósito.

Cabe esclarecer que não se trata de se transformar exatamente neste ou naquele animal; sustentamos apenas que, através da imaginação ativa, podemos nos deixar atravessar por outras intensidades e nos nutrir de outras forças.

Outra aplicação pode ter como objetivo superar um momento de dificuldade em uma busca expressiva, em teatro, dança e outras atividades, tratando-a primeiro através do corpo "virtual". Isso apresenta semelhanças com as indicações que costumamos dar a uma pessoa que está imobilizada ou parcialmente limitada com um gesso, por exemplo, quando lhe pedimos que se imagine em movimento e realizando as atividades que lhe proporcionam prazer. Foi comprovado que a reabilitação posterior, depois de se tirar o gesso, é muito mais rápida do que quando não se utilizou esse procedimento.

Além disso, diversificar esse tipo de busca nos protege do perigo de disciplinar a imaginação em vez de libertá-la, contribuindo também para evitar estereótipos ao propor ao corpo outras partituras rítmicas pouco usuais.

Palavras Finais

Nosso tempo apresenta um perigo cada vez maior, que é, justamente, o da profusão de imagens que por vários meios nos atravessam incessantemente.

Parece que abandonar esse território – que freqüentemente opera como um redutor da nossa subjetividade – nas mãos daqueles que, com propósitos e interesses diferentes, produzem e promovem imagens para o nosso consumo, isso significa renunciar de antemão à nossa própria produção imaginal e facilitar a tarefa para aqueles que imaginam por e para nós.

Ainda dentro do nosso modesto campo de ação, podemos ir criando uma barreira protetora da subjetividade daqueles que acompanham o nosso trabalho, contribuindo para que façam um *uso consciente* da imaginação, em vez de serem sujeitos passivos permeáveis às "sugestões" que chegam de fora.

Creio que nos reapropriarmos da nossa faculdade de criar imagens é um trabalho que deveríamos encarar sem demora. E não se trata de um motivo menor para repensarmos o lugar da imaginação na nossa prática. Trata-se de começar a dar aos nossos alunos a possibilidade de reconquistarem um poderoso instrumento para colaborar na busca do seu ser e de imaginarem um mundo onde também outros valores possam ter vigência. Isso não seria saudável?

6

ENTRE LINHAS E FIGURAS

A experiência de que todo pensamento, por mais abstrato que seja, tem uma repercussão real em todo o organismo constitui a base do trabalho em eutonia. Formas familiares em que pensamos, como linhas retas, onduladas ou em ziguezague, círculos ou triângulos (...), provocam, de fato, mudanças palpáveis e mensuráveis no tônus muscular e na circulação. Cada um deve multiplicar e variar essas experiências.

(Gerda Alexander)

Esses entes abstratos que possuem vida, força e influência próprias enquanto tais são o quadrado, o círculo, o triângulo, o losango, o trapézio e outras centenas de formas, cada vez mais complexas, que já não têm uma nomenclatura matemática.

(Kandinsky)

Este estudo parte da idéia de Gerda Alexander, que reconhece a in-

fluência do nosso pensamento nas variações do tônus e da circulação, embora ele opere com formas distantes do concreto. Se esta afirmação parece atraente, além de interessante, é porque salienta também a ação que pode exercer em nós algo tão familiar quanto uma forma geométrica.

Cabe nos perguntarmos o que é que faz que uma forma abstrata tenha o poder de agir no organismo humano. O que é que está associado a essas figuras – e talvez sem que o saibamos quando as observamos –, às quais Kandinsky atribui "força e influência próprias". De onde vem essa possibilidade de nos afetar? Pode-se falar de um simbolismo inerente às formas?

Não pretendo aqui esgotar a complexidade de um tema que excede muito as minhas limitações. Somente tentarei enunciar alguns elementos para que sejam estudados, aqueles que poderiam ajudar numa compreensão sobre a relação especial que o pensamento mantém com essas figuras capazes de uma repercussão "real" na esfera do corpo.

Em última instância, investigar que correlação se estabelece para que exista uma ressonância no corpo nos levaria a nada menos do que lidar com o tema espinhoso da conexão entre a mente e o corpo, tema que tem ocupado a reflexão de muitos e sobre o qual ainda não temos uma resposta satisfatória.

Tentarei somente esboçar um caminho, entre tantos possíveis, que nos permita viabilizar o que faz que essas "formas" funcionem como transmissoras de outros atributos que poderiam nos explicar um pouco a respeito de sua ação na trama do tônus.

RESSONÂNCIAS PROCEDENTES DA ARTE

Uma questão que toca de modo muito próximo a eutonia, e que está relacionada com o equilíbrio tônico, é a que se encontra no âmbito do tato e das sensações.

Em primeiro lugar – e seguindo a pista que nos oferece Kandinsky, que se ocupou desse tema, relacionando-o especialmente com as formas artísticas –, gostaria de ressaltar o que ele expressa sobre a *linha*. Para Kandinsky, a linha vem acompanhada ou tem a condição de evocar *sensações táteis* que superam aquelas que podem ser proporcionadas pelo ponto: "Tratando-se da linha, as possibilidades de evocar sensações táteis são muito mais variadas que no caso do ponto" (1993, p.96).

Outro componente, também assinalado pelo artista, que concorre com o de *direção*, é o da *força*. Vou me debruçar sobre esse conceito em vez de falar da tensão, tema que é utilizado por Kandinsky em suas observações.

Parece-me importante enfatizar essa noção porque, se insistimos que é através das *linhas* que as sensações táteis podem ser conduzidas, esta última noção de "força" nos apresenta o outro aspecto vinculado à atividade que faria desencadear as modificações no tônus já assinaladas por Gerda Alexander. "A 'tensão' é a força presente no interior do elemento e que traz somente uma parte do 'movimento' ativo; a outra parte é constituída pela 'direção' (...)" (ibidem, p.58).

Dessa forma, para que seja possível a condução de sensações táteis, devemos colocar em jogo outras funções cuja participação da ação mencionada também parece necessária.

A intervenção de outros elementos, que chamarei de "forças", pertence à ordem de nossa atividade mental. Eles vão agir, especialmente, através da *atenção* e da *atitude consciente* que constituem os requisitos que presidem globalmente a prática da eutonia.

Sobre a *direção*, podemos afirmar que é também extremamente importante em todo o nosso trabalho, que leva em consideração e respeita os eixos ósseos para estabelecer a diretriz que deve guiar o movimento. Uma visão prévia muito nítida da direção permite preparar o movimento que conduzirá, finalmente, à estabilização da organização psicocorporal.

Outro componente, ou outra força segundo o meu léxico, é a intenção do movimento antes da sua execução, que também leva em consideração essas direções, ajustadas agora mentalmente, antes de se manifestarem na atividade motora. Não estou considerando aqui tudo o que está relacionado com a direção do movimento no espaço, ou o uso que fazemos dela em todas as formas do *contato consciente*, que em um trabalho mais exaustivo também deveria ser levado em conta.

ANTECEDENTES

É possível que a estas figuras seja atribuída uma importância especial, porque estão conectadas com toda a tradição filosófica ocidental, tendo raízes nas escolas órfico-pitagóricas, onde predominava uma metafísica relacionada com o número e as formas geométricas.

Certamente, desde a Antigüidade, elas eram ressaltadas, pois existia a convicção de que são representativas de quase todas as formas básicas que estão disseminadas no universo, como também no mundo da cultura humana.

Parece que o simples fato de observá-las promove no sujeito uma sintonia rítmico-ordenadora. Isto se baseia na idéia de que todas as forças naturais se manifestam através de certos números e ritmos, e que, portanto, também afetam diversas funções do nosso corpo.

Por conseguinte, poderíamos trabalhar conscientemente através dessas formas para entrarmos em contato com o potencial modulador que caracteriza cada figura como marca rítmica, a fim de obter um equilíbrio tônico global do corpo.

É de longa data o uso dessas figuras, que desde seu sentido espiritual original se transformaram até chegar na abstração, como uma nova busca do espiritual na Arte, especialmente em Kandinsky. Este artista não é o único, é claro, que teoriza sobre o tema e consegue se expressar de forma tão confortável através delas.

Seria muito extenso enumerar todas as metamorfoses pelas quais passaram essas formas na História da Arte. Somente para ilustrar, e apenas para abordar ligeiramente o tema, enuncio o que vem em seguida.

Um outro grande criador, Paul Klee, também refletiu sobre elas, ao mesmo tempo em que as utilizou profusamente em sua obra. Cabe acrescentar que, ao contrário de Kandinsky, seu modo de tratar as formas lhe permitiu capturar verdadeiramente forças até então não visíveis nas sensações.

Retângulos, quadrados, triângulos, círculos e outras figuras aparecem em qualquer lugar no conjunto da arte moderna. Piet Mondrian usou de forma muito criativa os quadrados, por exemplo. Artistas posteriores encarregaram-se de multiplicar e em parte deformar expressivamente essas figuras.

Pesquisas voltadas para o estudo das artes plásticas no Extremo Oriente (Índia, Tibet) ressaltaram o valor de uma forma sensível para expressar uma verdade que pertence a um plano que a transcende.

Na construção de um templo, por exemplo, a forma esférica servia para expressar a imensidão e o ilimitado do céu, enquanto a forma retangular ou a cúbica manifestavam a imutabilidade da lei.

Afirmou-se que a arquitetura sagrada, independentemente da tradição a que pertence, gira em torno de um tema fundamental, que é a transformação do círculo em quadrado. Entretanto, segundo os níveis a que se referem, esses dois símbolos podem mudar de significado:

> Se o círculo simboliza a unidade indivisível do Princípio, o quadrado expressa sua determinação primeira e

> imutável, a Lei ou Norma universal; nesse caso, o primeiro símbolo indica uma realidade superior que o segundo sugere. (Burckhardt, 1982, p.10)

E mais adiante:

> (...) também se pode conceber uma hierarquia inversa: se considerarmos o quadrado, no seu significado metafísico, como símbolo da imutabilidade inicial que contém e resolve nela todas as antinomias cósmicas, e se, ao contrário, ligarmos o círculo com seu modelo cósmico, o movimento indefinido, o quadrado expressará uma realidade superior à do círculo (...). (Ibidem, p.11)

Vemos também que outras figuras circulares utilizadas como diagramas geométricos rituais, tais como as mandalas de origem tibetana, de ornamentação rica e curiosa, simbolizam o cosmo e sua relação com os poderes divinos.

Nos iantras, outras imagens orientais para meditação, constituídas por figuras geométricas, formas de triângulos que se interpenetram em várias direções, podem estar simbolizando a união de divindades masculinas e femininas.

Por sua vez, essa polaridade cósmica entre o círculo e o quadrado também está representando o contraste observado entre os povos nômades e sedentários. Portanto: "os primeiros reconhecem seu ideal na natureza dinâmica e indefinida do círculo, enquanto os segundos o vêem no caráter estático e regular do quadrado" (ibidem, pp.15-6).

O quadrado também representa a combinação e a ordem dos quatro elementos dos antigos. Quando simboliza a terra, é feminino em relação ao círculo e ainda ao triângulo. O círculo pode simbolizar também a psique, assim como o quadrado é símbolo do material e do corpo. Em relação ao triângulo, lembremos que os elementos fogo e água eram por ele representados; temos o primeiro quando o vértice aponta para cima e o segundo quando ele o faz para baixo.

Na arquitetura do cristianismo, por seu turno, para obter as proporções da construção de uma igreja se dividia por cinco ou por dez um grande círculo.

Esse método pitagórico, afirma Burckhardt, "era empregado não somente no plano horizontal, mas também no vertical, de tal modo que o corpo do edifício estava inscrito em uma esfera imaginária (...)" (ibidem, p.44).

A FORMA DO CORPO

Se agora levarmos em consideração o corpo humano e observarmos sua configuração anatômica, não será difícil perceber algumas dessas "formas" na sua organização. Em última instância, dependerá do observador o reconhecimento das que já foram mencionadas e de outras mais na nossa "arquitetura" humana. Dessa maneira, se considerarmos a noção de esfera, que corresponde à de círculo, mas em três dimensões, veremos que seria possível agrupar aqui a maioria das articulações do corpo.

Se tomarmos, por exemplo, a articulação escapuloumeral do ombro, a forma esférica é predominante não apenas no osso do braço chamado úmero, o qual solicita a concavidade da glena que se apresenta na omoplata, mas também em outras articulações.

Cabeça, mãos e pés também nos lembram formas esféricas. A mão que mantém na sua palma uma bola de tênis o faz adquirindo uma forma semiesférica; o pé, na sua complexa arquitetura plantar, insinua a abóbada e, na sua extensão tecnológica, tem a invenção da roda, que reproduz o círculo.

A forma que caracteriza a superfície de contenção da pelve se aprofunda numa cavidade solidária de forma esférica. Esse recipiente se relaciona com a cabeça através da coluna vertebral, que também no seu extremo superior-posterior se curva para formar a arcada esfenoidal. Ademais, quando aproximamos a cabeça da pelve, ou vice-versa, o eixo espinal se curva, antecipando a forma de arco.

Diagonais

A diagonal é considerada por Kandinsky como uma terceira forma de reta que segue a horizontal e a vertical, e as duas juntas formam o ângulo reto. Ele lhe concedeu mesmo temperaturas. Assim, a primeira é fria, para o autor, e a segunda, quente; a diagonal é morna. Esta é uma outra possibilidade de explorar o corpo.

> O terceiro tipo de reta é a *diagonal*, que, esquematicamente, se separa em ângulos iguais das anteriores. Sua tendência para ambas é equivalente, o que determina seu tônus interior: reunião equivalente de frio e calor. Ou seja, a forma mais limpa do movimento infinito e morno. (Kandinsky, 1993, pp.59-60)

Essas linhas, no contexto do corpo, se tornam evidentes nas conexões possíveis de se estabelecer entre a articulação escapuloumeral do lado direito, por exemplo, e a articulação coxofemoral do lado esquerdo, e vice-versa. É claro que cada diagonal delimita individualmente dois triângulos na região torácico-abdominal do corpo, e quatro se considerarmos ambas simultaneamente.

Também se pode prolongar essa diagonal caso, no chão, em decúbito dorsal e com as pernas esticadas, coloquemos os braços também esticados para trás, tentando alinhar a perna e o braço de acordo com a diagonal anterior que ia do ombro para o quadril.

Para encerrar este tema, que aqui abordei ligeiramente, só quero mencionar algumas das possibilidades a serem desenvolvidas nesta busca.

Podemos fazer isso se levarmos em consideração a forma que o osso apresenta na sua extremidade articular e nos acetábulos correspondentes a outras articulações (na cabeça do fêmur, por exemplo). E também podemos observar algumas dessas figuras na própria arquitetura dos ossos.

Se pegarmos o corpo humano como um território, podemos procurar nele figuras triangulares, que podem se formar de um osso como um de seus vértices, como, por exemplo, o sacro, sendo os outros vértices compostos pelas articulações coxofemorais, para dar lugar aos lados do triângulo. Este caso nos permite também obter a sensação de tridimensionalidade (o triângulo se transforma em pirâmide), que a atenção vai recolhendo ao explorar o interior desse espaço.

Outras formas próximas do quadrado ou do retângulo provêm das quatro articulações que conectam o volume torácico-abdominal com a pelve. Refiro-me aos pares escapuloumerais e coxofemorais.

Essas formas, que o sentido da vista reconhece e que chamamos de geométricas, não são, porém, o objetivo deste trabalho. Trata-se mais do ponto de partida para uma abordagem estética do corpo, ou seja, de uma geometria em sintonia com o nosso organismo, em um plano que plasme suas formas, orientando-se através daquilo que a arte tem expressado por meio das sensações, que tem elaborado em seu próprio meio e transmitido para a nossa percepção.

O PONTO DE VISTA ESTÉTICO

Trata-se, então, de um objetivo de busca, de uma exploração no nosso corpo para saber que tipo de sensação se pode experimentar através dessas figuras.

Gilles Deleuze, ao se referir ao estatuto atribuído por Cézanne à sensação, nos transmite a distinção estabelecida pelo pintor entre Figura e Forma abstrata, e a maneira peculiar com que cada uma delas, segundo a concepção do artista, pode afetar os nossos sentidos. Assim, a Figura, concebida mais próxima da sensação, teria um efeito sobre a carne, agindo sobre o sistema nervoso, enquanto a Forma abstrata estaria mais próxima do osso, agindo através do cérebro.

> A Figura é a forma sensível relacionada à sensação; age imediatamente sobre o sistema nervoso, que é carne, enquanto a Forma abstrata se dirige ao cérebro, age através do cérebro, mais próximo do osso. (Deleuze, 2002, p.41)

Podemos retomar aqui a apreciação de Kandinsky sobre a evocação de *sensações táteis* que acompanhavam a linha, mas devemos levar em conta também que seu uso dentro daquelas coordenadas é solidário de uma geometria ótica que encerra a tentativa de reduzir o caos, arrumando-o numa organização espacial de forma cartesiana.

Passando para o contexto do trabalho corporal, é praticamente impossível, entretanto, que a prática não nos leve a ter contato com deslocamentos de forças imprevisíveis que nos façam vivenciar estados afastados do equilíbrio que coloquem em crise a nossa organização habitual.

Para descobrir nossa experiência é mais conveniente introduzir, portanto, uma noção talvez mais apropriada, alcunhada por Riegl, um dos críticos de arte que mais estudou a relação da arte clássica grega com a bizantina. Refiro-me à noção de *háptico*, procedente do verbo grego *aptô*, que significa tocar, a qual fala de uma aproximação espacial do olhar que o assemelha ao tato.

No sentido de Deleuze, podemos nos referir a háptico cada vez que "a própria vista descobrir em si uma função de tato que lhe é própria, e que só pertence a ela, diferente da sua função ótica" (2002, p.158). Por um lado, parece importante destacar isto uma vez que a eutonia, através do uso da atenção, confirma na prática esse tipo de olhar tátil, de aproximação com a pele e/ou com o osso. Por outro lado, remetendo-nos à distinção Figura–Forma abstrata que Deleuze nos forneceu, ela curiosamente enuncia o próprio âmbito em que se inscreve a nossa prática.

O osso é um dos pilares sobre os quais se baseia a eutonia e o ponto de apoio na nossa busca de leveza.

Se a Forma abstrata se dirige mais ao cérebro que à Figura, essas "formas" que estamos estudando têm, efetivamente, um poder de agir modificando o tônus, especialmente no sentido da leveza. Desse modo, um trabalho consciente que selecione as formas consideradas mais aptas para estabelecer em nosso corpo certos *canais* que, por assim dizer, possibilitem o fluxo das forças a elas inerentes poderia nos levar a experiências muito enriquecedoras, que tendem a restabelecer nosso equilíbrio tônico. Essas forças encontrariam seu equilíbrio em uma ordem superior de complexidade.

Assim, assistiríamos a um novo desenvolvimento da consciência fluindo através desses caminhos virtuais configurados na experiência corporal, capazes de transformar também os sentimentos e os pensamentos que não estão em sintonia com eles.

A Forma abstrata, segundo Cézanne, diferentemente da Figura, "age através do cérebro". Esta afirmação de alguma maneira concorda com as recentes descobertas da neurociência, que investiga o campo emocional.

Talvez o estado de equilíbrio tônico-emocional resultante da ação das formas geométricas em nosso organismo obedeça ao seu papel na ativação do córtex cerebral.

O equilíbrio de tensões seria obtido ao se facilitar a estimulação das regiões do lóbulo frontal relacionadas com a amídala, já que se comprovou sua importância sobre certas emoções negativas. Segundo o neurologista Richard Davidson, especialista de um novo campo do conhecimento chamado neurociência afetiva, que estuda a relação entre o cérebro e as emoções:

> Um antídoto possível das emoções destrutivas seria o de fomentar a ativação das regiões do lóbulo frontal que inibem ou modulam a atividade da amídala. Foi demonstrada

> recentemente a importância da amídala sobre certas emoções negativas, e sabemos também que determinadas áreas dos lóbulos frontais inibem sua atividade. (2004a, p.416)

Mais adiante, o autor ressalta que: "a porção medial que se encontra na parte mais profunda do lóbulo é a região pré-frontal mais rica em conexões neuronais com a amídala" (ibidem, p.417). Ademais, o aparecimento de uma emoção e o surgimento de outras lembranças a ela associadas encontram-se intimamente ligados ao hipocampo. Dessa forma:

> Quando um determinado estímulo provoca em nós uma emoção, esta emoção quase sempre desencadeia a emergência de lembranças associadas (...) [de onde], na maioria dos casos, as emoções influem ou (...) mancham nossa percepção. (Ibidem, p.434)

Lóbulos frontais, amídala e hipocampo indicam, portanto, uma relação íntima entre a mente e o corpo, e em especial "com o sistema imunológico, o sistema endócrino e o sistema nervoso autônomo" (ibidem, 2004b, p.250).

Isto pode nos dar uma idéia da importância terapêutica que reveste o trabalho contínuo com a eutonia, que tenderia a ativar a área pré-frontal esquerda, sede das emoções positivas.

Em síntese, trata-se de modular as atividades das forças vitais segundo os processos rítmicos através dos quais se manifestam as formas na natureza.

No final das contas, esta é uma maneira de permitir que a mente se desenvolva livremente dentro de circuitos apropriados. Quer dizer, produzindo novas sinapses que permitam ao cérebro obter uma cópia interior, um duplo, que possibilite o deslocamento das forças por canais regulares capazes de nos fazer experimentar a unidade e a globalidade.

Finalmente, quero mencionar um outro campo que também é importante explorar em uma segunda etapa, que seria a introdução do uso da cor. Isto daria vez à emergência emocional e com ela estaríamos abordando o espaço da psique, um lugar aparentemente discordante da prática da eutonia.

BIBLIOGRAFIA

AGAMBEN, Giorgio. *Estancias: la palabra y el fantasma en la cultura occidental*. 1ª reimpr. Valencia: Pre-Textos, 2001.

ALEXANDER, Gerda. *La eutonía, un camino hacia la experiencia total del cuerpo*. Buenos Aires: Paidós, 1986.

ANZIEU, Didier. *El Yo-piel*. Madrid: Biblioteca Nueva, 1987.

BATESON, Gregory. *Pasos hacia una ecología de la mente*. Buenos Aires: Carlos Lohlé, 1976.

________. *Una unidad sagrada*. Barcelona: Gedisa, 1993.

BERGSON, Henri. *Matéria e memória*. 2.ed. São Paulo: Martins Fontes, 1999.

BLY, Robert & WOODMAN, Marion. *La Doncella Rey*. Espanha: Edaf, 2000.

BOADELLA, David. *Corrientes de vida*. Buenos Aires: Paidós, 1993.

BOHM, David. *La totalidad y el orden implicado*. Barcelona: Kairós, 1988.

BURCKHARDT, Titus. *Principios y métodos del arte sagrado*. Buenos Aires: Lidium, 1982.

CALVINO, Ítalo. *Seis propuestas para el próximo milenio*. Madrid: Siruela, 1998.

CAPRA, Fritjof. *O ponto de mutação*. São Paulo: Cultrix, 1987.

CASTORIADIS, Cornelius. *La institución imaginaria de la sociedad*. Buenos Aires: Tusquets, 1999. v. 2.

CHANGEUX, Jean-Pierre & RICOEUR, Paul. *Lo que nos hace pensar*. Barcelona: Península, 1999.

CORBIN, Henry. *La imaginación creadora*. Barcelona: Destina, 1993.

DAMÁSIO, António R. *El error de Descartes*. Santiago/CH: Andrés Bello, 1996.

________. *Sentir lo que sucede*. Santiago/CH: Andrés Bello, 2000.

DAVIDSON, Richard. "El cerebro protéico". In: GOLEMAN, Daniel. *Emociones destructivas: un diálogo científico con el Dalai Lama*. Buenos Aires: Vergara, 2004a.

________. "La neurociencia de la emoción". In: GOLEMAN, Daniel. *Emociones destructivas: un diálogo científico con el Dalai Lama*. Buenos Aires: Vergara, 2004b.

DELEUZE, Gilles. *Nietzsche y la filosofía*. Barcelona: Anagrama, 1971.

________. *La imagen tiempo: estudios sobre cine II*. Buenos Aires: Paidós, 1986.

________. *Crítica y clínica*. Barcelona: Anagrama, 1996a.

________. *El bergsonismo*. Madrid: Cátedra, 1996b.

________. *Francis Bacon: Lógica de la sensación*. Madrid: Arena Libros, 2002.

DELEUZE, Gilles & GUATTARI, Félix. *¿Qué es la filosofía?*. Barcelona: Anagrama, 1993.

DESCARTES, René. "Los principios de la filosofía". In: *Obras escogidas*. Buenos Aires: Sudamericana, 1967.

________. *Meditaciones metafísicas*. Trad. M. García Morente. Madrid: Espasa Calpe (Austral), 1970a.

________. *El discurso del método*. Trad. M. García Morente. Madrid: Espasa Calpe (Austral), 1970b.

DESHIMARU, Taisen. *Preguntas a un maestro Zen*. Barcelona: Kairós, 1985.

DIDI-HUBERMAN, Georges. *Lo que vemos, lo que nos mira*. Buenos Aires: Manantial, 1997.

DIGELMANN, Denise. *L'éutonie*. Paris: Éd. du Scarabée, 1971.

DOLTO, Françoise. *La imagen inconsciente del cuerpo*. Barcelona: Paidós, 1990.

EDDINGTON, Arthur. "Materia mental". In: EDDINGTON, A. et al. *Cuestiones cuánticas: escritos místicos de los físicos más famosos del mundo*. Barcelona: Kairós, 1987.

ELIOT, Thomas S. *Cuatro cuartetos – Burnt Norton*. Madrid: Cátedra, 1990.

EINSTEIN, Albert. *A teoria da relatividade especial e geral*. Rio de Janeiro: Contraponto, 2000.

FERRATER MORA, José. *Diccionario de filosofía*. Buenos Aires: Sudamericana, 1965.

FOUCAULT, Michel. *Las palabras y las cosas*. México: Siglo XXI, 1998.

FREUD, Sigmund. *La interpretación de los sueños*. Madrid: Biblioteca Nueva, 1967.

GAINZA, Violeta Hemsy de. *Conversaciones con Gerda Alexander*. Buenos Aires: Paidós, 1985.

GOLEMAN, Daniel. *Emociones destructivas*. Buenos Aires: Vergara, 2004.

GUATTARI, Félix. *Caosmosis*. Buenos Aires: Manantial, 1996.

GUYTON, Arthur C. *Fisiología humana*. México: Interamericana, 1987.

HAWKING, Stephen W. *Historia del tiempo*. Madrid: Alianza, 1993.

HEIDEGGER, Martin. *Kant y el problema de la metafísica*. México: FCE, 1973.

HILLMAN, James. *Re-imaginar la psicología*. Madrid: Siruela, 1999.

HUSSERL, Edmund. *Investigaciones lógicas*. Barcelona: Altaya, 1995. v.2.

JUNG, Carl. *Tipos psicológicos*. Buenos Aires: Sudamenricana, 2000.

KAHLE, Werner. *Atlas de anatomia – Tomo 3: Sistema nervioso y órganos de los sentidos*. Barcelona: Omega, 1991.

KANDINSKY, Vasili. *Punto y línea sobre el plano*. Barcelona: Labor, 1993.

KESSELMAN, Susana. La eutonía. *Kiné*, Buenos Aires, año 2, n.10, 1993.

________. *Sobre lo espiritual en el arte*. Buenos Aires: Need, 1997.

KHUN, Thomas S. *La estructura de las revoluciones científicas*. Buenos Aires: FCE, 1988.

KLEE, Paul. *Bases para la estructuración del arte*. 7.ed. México, Premiá, 1985.

KUNDERA, Milan. *La lentitud*. Barcelona: Tusquets, 1995.

LAPLANCHE, Jean & PONTALIS, Jean-Bertrand. *Diccionario de psicoanálisis*. Barcelona: Labor, 1974.

LEADBEATER, Charles W. *Los chakras*. Barcelona: Teorema, 1983.

LOWEN, Alexander. *Bioenergética*. México: Diana,1978.

LOYBER, Isaías. *Funciones motoras del sistema nervioso*. 3.ed. Córdoba/AR: Galeno, 1999.

MARTINET, André. *Elementos de lingüística geral*. 8.ed. São Paulo: Martins Fontes, 1978.

MATURANA, Humberto & VARELA, Francisco. *El árbol del conocimiento*. Santiago/CH: Universitaria, 1990.

MORIN, Edgar. *Introducción al pensamiento complejo*. Barcelona: Gedisa, 1994a.

________. "La noción de sujeto". In: SCHNITMAN, Dora F. *Nuevos paradigmas, cultura y subjetividad*. Buenos Aires: Paidós, 1994b.

MORROW, Félix. The Formation of an Observing Self in Eutony. *Somatics*, v.5, n.2, Spring/Summer, 1985.

NIETZSCHE, Friedrich. *El origen de la tragédia*. Trad. E. Ovejero Mauri. 4.ed. Madrid: Espasa Calpe (Austral), 1964.

________. *Así habló Zaratustra*. Trad. A. Sánchez. 2.ed. Buenos Aires: Pascual Alianza, 1993.

NIETZSCHE, Friedrich. *Das Philosophenbuch. Le livre du philosophe*. Ed. bilingüe. Paris, Aubier-Flammarion, 1969.

PESSOA, Fernando. *Poemas completos de Alberto Caeiro - Ficções do Interlúdio/* 1. Rio de Janeiro: Nova Fronteira, 1980.

________. *Livro do desassossego*. 1ª parte. Por Bernardo Soares [pseud.]. 2.ed. Lisboa: Europa-América, s. d.

PIAGET, Jean. *La construcción de lo real en el niño*. Buenos Aires: Proteo, 1968.

PLATÓN. Timeo. In: *Obras completas*. Trad. Francisco Samaranch. Madrid: Aguilar, 1969.

PRIBRAM, Karl. *¿Qué es todo este lío? En el paradigma holográfico*. Barcelona: Kairós, 1987.

PRIGOGINE Ilya & STENGERS, Isabelle. *Entre el tiempo y la eternidad*. Buenos Aires: Alianza, 1991.

REICH, Wilhelm. *Análisis del carácter*. Buenos Aires: Paidós, 1975.

RORTY, Richard. La filosofía y el espejo de la naturaleza. Madrid: Cátedra, 1989.

RUSSELL, Bertrand. *El A B C de la relatividad*. Buenos Aires: Fabril, 1954.

SACKS, Oliver. *El hombre que confundió a su mujer con un sombrero*. 2.ed. Barcelona: Muchnik, 1991.

SARTRE, Jean-Paul. *La imaginación*. Buenos Aires: Sudamericana, 1970.

SHELDRAKE, Rupert. *Una nueva ciencia de la vida*. Barcelona: Kairós, 1990.

SOUCHARD, Philippe-E. *La respiration*. Saint-Mont: Le Puosoe, 1987.

SPINOZA, Baruch de. *Ética demostrada según el orden geométrico*. México: FCE, 1985.

TODD, Mabel. *The Thinking Body*, Princeton: Princeton Book Company, 1968.

TOMATIS, Alfred. *L'oreille et le langage*. Paris: Éd. du Seuil, 1991.

VARELA, Francisco, THOMPSON, Evan, ROSCH, Eleanor. *De cuerpo presente*. Barcelona: Gedisa, 1992.

VIRILIO, Paul. *La velocidad de liberación*. Buenos Aires: Manantial, 1997.

WATZLAWICK, P. et al. *Teoría de la comunicación humana*. Buenos Aires: Tiempo Contemporáneo, s. d.

WILBER, Ken. "Psicología perenne: el espectro de la conciencia". In: MASLOW, Dass et al. *Más allá del Ego*. Barcelona: Kairós, 1980.

________. *El ojo del espíritu*. Barcelona: Kairós, 1998.

WINNICOTT, Donald W. *Realidad y juego*. Buenos Aires: Gedisa, 1985.

WITTGENSTEIN, Ludwig. *Sobre la certeza*. 2.ed. Barcelona: Gedisa, 1991.

________. *Tractatus lógico-philosophicus*. Barcelona: Altaya, 1994.

PUBLICAÇÕES DA É REALIZAÇÕES:

COLEÇÃO É FILOSOFIA

· O Jardim das Aflições
Autor: Olavo de Carvalho

· A Sabedoria das Leis Eternas
Autor: Mário Ferreira dos Santos

· A Coerência das Incertezas
Autor: Paulo Mercadante

· Escolha e Sobrevivência
Autor: Ângelo Monteiro

COLEÇÃO HISTÓRIA ESSENCIAL DA FILOSOFIA

(cada volume é acompanhado de uma fita de vídeo)

Autor: Olavo de Carvalho

· História das Histórias da Filosofia - Aula 1

· O Projeto Socrático - Aula 2

· Sócrates e Platão - Aula 3

· Aristóteles - Aula 4

· Pré-Socráticos - Aula 5

· Período Helenístico I - Aula 6

· Período Helenístico II - Aula 7

· Advento do Cristianismo - Aula 8

· Filosofia Patrística - Aula 9

· Santo Agostinho - Aula 10

· São Tomás de Aquino e Duns Scot - Aula 11

· Filosofia Islâmica - Aula 12

· Filosofia Cristã - Aula 13

OUTROS TÍTULOS

· Luz e Trevas: nos tempos de Juscelino
Autor: Hermógenes Príncipe

· Reflexões Estratégicas: repensando a Defesa Nacional
Autor: Mario Cesar Flores

Dados Internacionais de Catalogação na Publicação (CIP)
(Câmara Brasileira do Livro, SP, Brasil)

Perrone, Hugo César
Eutonia: arte e pensamento / Hugo César Perrone; tradução de Margarita Maria Garcia Lamelo -- São Paulo: É Realizações, 2005.

Título original: Eutonia, arte y pensamiento

Bibliografia
ISBN 85-88062-26-7

1. Eutonia 2. Fisioterapia I. Título.

05-6117 CDD-615.82

Índices para catálogo sistemático:
1. Eutonia: Arte e pensamento: Terapia física 615.82

Este livro foi impresso pela gráfica SermografLCT para É Realizações, em agosto de 2005. Os tipos usados são da família Geometric 416 e 706 e Weiss BT. O papel é pólen 90 g para o miolo, e supremo 250 g para a capa.